La agresividad en niños de 0 a 6 años

Dados Internacionais de Catalogação na Publicação (CIP)
(Câmara Brasileira do Livro, SP, Brasil)

Bourcier, Sylvie
La agresividad en niños de 0 a 6 años / Sylvie Bourcier. --
São Paulo : Cortez, 2016.

ISBN 978-85-249-2475-0 (Cortez)
ISBN 978-85-277-1753-4 (Narcea)

1. Agressividade em crianças 2. Educação de
crianças I. Título.

16-06343 CDD-155.47

Índices para catálogo sistemático:

1. Agressividade em crianças : Psicologia 155.47

La agresividad en niños de 0 a 6 años

¿ENERGÍA VITAL O DESÓRDENES DE COMPORTAMIENTO?

Sylvie Bourcier

CORTEZ EDITORA narcea

Direitos de impressão no Brasil — Cortez Editora

Rua Monte Alegre, 1074 – Perdizes
05014-001 – São Paulo – SP
Tels.: (55 11) 3864-0111 / 3611-9616
cortez@cortezeditora.com.br
www.cortezeditora.com.br

Paseo Imperial, 53-55 28005 Madrid (España)

www.narceaediciones.es

Título original: *L'agressivité chez l'enfant de 0 à 5 ans*

Traducción: Carolina Ballester
Dibujo de la cubierta: Roser Bosch

Edição original
ISBN: 978-84-277-1753-4 (Narcea)

Impresso no Brasil — agosto de 2016

Índice

INTRODUCCIÓN 7

1. AGRESIVIDAD Y PROBLEMAS DE COMPORTAMIENTO 9

¿Agresividad o energía vital? Distinguir la agresividad normal de los desórdenes de comportamiento. Factores de influencia. Actuar enseguida: prevenir antes que curar.

2. DESARROLLO DE LA AGRESIVIDAD EN EL NIÑO 15

Primeras crisis, primeros vínculos: el bebé de 0 a 1 año. El explorador (de 1 a 2 años). Grandes rabietas (de 2 a 3 años). Las palabrotas (de 3 a 5 años). La negociación (de 4 a 5 años).

3. ANTÍDOTOS CONTRA LOS COMPORTAMIENTOS AGRESIVOS 27

Una educación eficaz por parte de los padres. Elementos que facilitan el ejercicio de la disciplina. La atención positiva. Favorecer la expresión verbal. Proponer actividades físicas: favorecer el juego. El juego al servicio de las aptitudes sociales del niño.

4. CUANDO LOS NIÑOS «MUERDEN» 45

Comprender e interpretar el gesto de «morder». ¿Cómo reaccionar?

5. CUANDO LOS NIÑOS PEGAN, EMPUJAN, PELLIZCAN 51

¿Por qué pega un niño? Los conflictos por la posesión: principal fuente de altercados. Actuar mejor que reaccionar. Reaccionar a los comportamientos de agresividad física.

6. EL NIÑO ENFURECIDO: LAS CRISIS 65

La cólera: un impulso incontrolado. Cuando decepción rima con explosión: una variedad de provocaciones. De la cólera explosiva a la cólera expresada. Saber reaccionar: un aprendizaje esencial. Cómo afrontar la crisis. ¿Cuándo hay que inquietarse?

7. CUANDO LOS NIÑOS «NO QUIEREN» 77

La oposición, un paso necesario. Las trampas. Pasar del «No» al «Yo quiero». Hacia la concordia. La oposición verbal: el negociador. La resistencia pasiva.

8. LA AGRESIVIDAD VERBAL 91

La agresividad verbal: el peso de las palabras. Palabras que hacen daño: la ofensa. De la amenaza a la intimidación.

9. PELEAS Y LUCHAS EN EL SENO FAMILIAR 97

La envidia entre hermanos, una reacción normal. La trampa de la igualdad. Las disputas entre hermanos. Enemigos de un día, amigos para siempre.

10. LA RESOLUCIÓN DE CONFLICTOS 109

A resolver conflictos, se aprende. Habilidades y tácticas a desarrollar en los niños. La resolución de conflictos en los niños *menores* de 3 años. Ayudarles a adquirir habilidades. La resolución de conflictos en los niños *mayores* de 3 años. Errores corrientes de los adultos que intervienen.

11. TÉCNICAS PARA FAVORECER EL AUTOCONTROL 123

El niño no se está quieto. ¿Por qué no puede parar? Las funciones ejecutivas en la autorregulación de las conductas. Enseñar técnicas de autocontrol: aprender a reconocer su excitación, a detenerse, a frenar sus impulsos motores, a esperar y a escuchar. Cómo reaccionar ante la excitación excesiva.

12. DESARROLLO DE HABILIDADES SOCIALES 141

Los educadores pueden orientar a las familias. «Yo ayudo y acompaño a mi hijo a: relacionarse con los demás, a saber compartir, a expresar sus sentimientos, a aprender a esperar y escuchar, a autocontrolarse y a ser tolerante ante las frustraciones».

CONCLUSIÓN 149

BIBLIOGRAFÍA 151

Introducción

Imaginemos esta escena. Dos personas entran en conflicto. Una de ellas agarra a la otra insultándola, le hace perder el equilibrio, le pega patadas en las piernas y en el torso. En general, una escena así la imaginamos en adolescentes. Sondeos realizados muestran que la opinión pública sitúa sobre todo de 12 a 14 años el periodo en que los jóvenes recurren a la agresividad física.

Sin embargo, es principalmente de 0 a 2 años cuando se producen con mayor frecuencia este tipo de agresiones. Aunque algunos adultos quitan importancia a los gritos, los mordiscos, los golpes, las crisis y los insultos de los niños pequeños, hay padres que se inquietan, se sienten impotentes y a veces culpables ante las manifestaciones agresivas de sus hijos. Saben que desempeñan un papel esencial en el desarrollo de su hijo, pero ponen en duda sus habilidades como padres.

En numerosas encuestas realizadas a padres de niños menores de 6 años se ha observado que confían poco en sí mismos. Sólo un reducido porcentaje se siente competente para llevar a cabo su educación, después del nacimiento de su hijo. En conferencias que se han dado a padres o durante las sesiones de formación que comparto con ellos, es recurrente el tema de la agresividad de los niños.

Existe una agresividad normal que, bien canalizada, permite afirmarse, superarse y salir adelante en lo que se emprende; pero a menudo se la confunde con la violencia destructiva que perjudica la adaptación y el desarrollo. Los padres casi siempre buscan ayuda para hacer civilizados a sus pequeños, y para poner calma en el clima familiar.

Este libro se dirige ante todo a esos padres que quieren comprender las acciones de sus hijos, proporcionándoles pistas para actuar en apoyo de su desarrollo social. Está fuera de mi intención ofrecer soluciones rápidas y mágicas para resolver los golpes, gritos mordiscos u otras agresiones. Se trata más bien de proponer medios para ayudar tanto al niño como a su familia.

Intentaré también responder a las preguntas cotidianas de los educadores y de los diversos especialistas que actúan también como agentes de socialización del niño. Estos consejos podrán acompañarles en su trabajo de cooperación con los padres. Juntos, de forma coordinada, descubrirán medios de canalizar y dar salida a esa energía desbordante del niño que —no lo olvidemos— es ante todo un pequeño sujeto que está aprendiendo.

1. Agresividad y problemas de comportamiento

¿Agresividad o energía vital?

«No existe ninguna perversidad originaria en el corazón humano. No se encuentra en él un solo vicio del que no se pueda decir cómo y por dónde ha entrado allí».

JEAN JACQUES ROUSSEAU

Rousseau creía que la influencia del ambiente inducía a la violencia, que la agresividad se desarrollaba por contagio. Pero las investigaciones nos enseñan que esta concepción es falsa. Al nacer, la criatura ya posee una energía bruta, ciertamente vital, pero no civilizada. El bebé que quiere su leche expresa el hambre a gritos. El que empieza a andar, y se apropia de un área de juego, la defiende ferozmente empujando a los intrusos.

Desde que el niño tiene las aptitudes motrices para hacerlo, es decir, hacia los 8 ó 9 meses, tira del pelo a los otros y les pega. Cuando sabe mantenerse de pie y andar, quiere los juguetes de los demás y da patadas a sus compañeros. Muy pronto, grita furioso y arroja los objetos.

La agresividad es normal, es una pulsión de vida adaptada a ciertos contextos. Así, los gritos y los llantos de un bebé hambriento, hacen sonar la alarma y le permiten satisfacer sus necesidades. Se puede salvar su vida rechazando a un agresor que no tiene en cuenta nuestras advertencias. Cuando se mantiene dentro de ciertos límites, esta energía vital asegura nuestra supervivencia. Nos permite afirmarnos y alcanzar nuestros objetivos. La educación no pretende eliminar esta energía, sino canalizarla y hacerla útil.

La agresividad se presenta en los primeros años de la vida, pero se desaprende a medida que el niño descubre cómo expresar sus necesidades y sus frustraciones, respetándose a sí mismo y a los demás. En la gran mayoría de los niños disminuyen los comportamientos agresivos gracias al lenguaje y a una orientación adecuada. Al ir haciéndose mayores, aprenden a dominar su agresividad física y a mostrar otras formas de comportarse con los demás.

Distinguir la agresividad normal de los desórdenes de comportamiento

«La violencia es el gesto sin la palabra, es la energía de vivir sin la comunicación».

S. GOLDBERG

Definir la agresividad es una tarea ardua porque a menudo se basa en un juicio que se apoya en la historia personal del padre o madre, en su cultura y su educación. Para algunos adultos, los niños que se niegan a obedecer son agresivos. Para otros, la mala educación es sinónimo de agresividad. A veces, un mismo comportamiento se interpreta de formas diferentes. Por ejemplo, algunos consideran que un niño que mira a un adulto cuando éste le reprende es educado, puesto que le está escuchando con atención, mientras que otros verán en ello una insolencia. El nivel de tolerancia del adulto sirve de indicador para el juicio que hace sobre el gesto del niño.

Los autores Cloutier, Gosselin y Tap definen la agresividad como «conductas antisociales que consisten en agredir a los demás física o verbalmente». El término «antisocial» informa de un modo destructivo de reaccionar, en oposición a «social», en el que las soluciones son negociadas y las frustraciones expresadas verbalmente sin perjudicar al otro, es decir, sin atentar contra su persona o sus posesiones. Así es, porque la destrucción de los objetos puede formar parte también del repertorio de las conductas antisociales. Por el contrario, si se elige rechazar la relación, retirarse pasivamente del conflicto sin reaccionar, entonces se habla de una manera de reacción «asocial».

La agresividad llamada «normal» es la que se manifiesta en los niños de edad preescolar porque no han aprendido todavía a utilizar tácticas pacíficas para resolver sus conflictos, a regular sus emociones o a servirse de comportamientos de adaptación que sustituyan a la agresividad. No han desarrollado todavía la suficiente soltura social que les permita interaccionar de forma positiva con su entorno. Sus actos agresivos se explican por su malestar social, su inmadurez neurológica, sus aptitudes lingüísticas recién aparecidas y su incipiente capacidad para integrar las prohibiciones. Los investigadores están de acuerdo en decir que lo que distingue las manifestaciones agresivas normales, de las conductas agresivas llamadas «anormales» o «atípicas», es la frecuencia y la gravedad de los síntomas.

Se habla entonces de *conductas agresivas atípicas,* cuando se dan en los niños de edad preescolar que son camorristas, intimidan o utilizan objetos para herir a los otros. Esas formas de proceder perjudican su desarrollo. Se muestran incapaces de mantener relaciones positivas con sus compañeros y atacan a sus padres. Sarah Landy sugiere a los padres que consulten a un profesional cuando el niño disfruta haciendo daño a los demás, y no sintiendo ningún remordimiento para con la víctima. Afirma que la peligrosidad de las acciones y su planificación son también factores que es necesario tener en cuenta. Asimismo debemos inquietarnos si se muestran violentos contra los animales y si se inclinan a tener actos destructivos como prender fuego.

Por su parte, Jean Dumas destaca el hecho de que los trastornos negativistas empiezan en general hacia los 6 ó 7 años y se dan solamente entre el 5 % y 6 % de los niños, y entre el 0 % y 2 % de las niñas. Esos dos desórdenes de comportamiento están definidos por la Organización Mundial de la Salud y sirven como criterios diagnósticos en psicopatología.

El objetivo de esta obra es apoyar a los padres en su papel de agentes de socialización y de educadores de sus hijos. Nosotros nos limitaremos por lo tanto a la llamada *agresividad normal,* en el sentido en que pertenece al desarrollo normal del niño.

Factores de influencia

A medida que el niño verbaliza sus frustraciones, cada vez utiliza menos la agresión física. Sin embargo, existen a veces algunos factores de riesgo que pueden sumarse a otros reduciendo la capacidad del niño para aceptar los desafíos sociales y afrontar el estrés cotidiano. Estos factores de riesgo, combinados, ejercen una influencia negativa sobre el proceso de socialización del niño y perjudican su adaptación psicosocial.

Se han asociado numerosos factores a problemas de agresividad en los niños. Según los trabajos de equipo del Dr. Richard Tremblay, los niños cuya madre es joven, fuma y posee unos ingresos poco elevados, corren quince veces más riesgo que los demás niños de desarrollar comportamientos violentos». Además de estos factores socioeconómicos; la violencia familiar, la depresión materna, la educación deficiente de los padres, la exposición prenatal a diversas drogas y la criminalidad de uno de los progenitores, están también asociadas a las conductas agresivas del niño.

Otros estudios asocian el temperamento difícil de algunos niños a sus dificultades para relacionarse.

También se ha explorado la tesis de que exista una predisposición biológica a la violencia y hoy en día se reconoce que los chicos manifiestan tres veces más agresividad física que las chicas. Este mayor porcentaje en los chicos se explica por una superior tasa de testosterona que les impulsa a reaccionar más enérgicamente a las provocaciones de los otros. Por otra parte, existe una relación irrefutable entre los recursos a la agresión física y el retraso en el lenguaje en los niños e incluso en el adolescente y en el adulto.

Finalmente, la exposición prenatal al alcohol, al tabaco o a otras drogas y a una alimentación maternal deficiente, así como complicaciones en el nacimiento (como la falta de oxígeno o una inmadurez extrema) pueden contribuir al desarrollo de conductas agresivas. Estos factores pueden dañar el desarrollo del cerebro que tiene un papel esencial en el autocontrol. La toma de decisiones, la contención o la manifestación de los gestos pertenecen a la zona prefrontal del cerebro. Estas funciones permiten reflexionar antes de obrar de forma responsable.

La acumulación de estos factores es lo que hace que se corra el peligro de que el niño se vuelva agresivo.

Hay que tener en cuenta que una gran proporción de chicas, a pesar de la presencia de factores de riesgo, no cometen ningún gesto de violencia durante su adolescencia; por tanto, no hay que considerar los factores de riesgo como causas, sino como elementos interrelacionados en una dinámica a veces explosiva. La violencia puede sobrevenir en el interior de esta dinámica, pero a veces, también en ausencia de estos factores.

Desde hace un tiempo los padres de Rosalía no reconocen ya a su encantadora princesita. Ella, que sonreía a todo el mundo, que se levantaba cantando y mostrándose siempre entusiasta para realizar sus actividades, muestra ahora un aire huraño, se enfrenta a ellos o se divierte haciendo llorar a su hermanito.

Lo mismo le sucede a la madre de Juan, impotente ante el reciente nerviosismo de su hijo, que empuja a los niños de la guardería y les hace muecas. ¡Está tan cambiado!

Rosalía y Juan reaccionan de esta manera por una situación que les causa estrés. Rosalía tiene que acostumbrarse a compartir con el recién nacido la atención y el amor de sus padres. En cuanto a Juan, acaba de perder a su padre en un accidente de coche...

Algunos comportamientos agresivos son fruto de la reacción. Son manifestaciones torpes y pasajeras para adaptarse a una nueva situación. Estos niños desarrollarán poco a poco mecanismos para adaptarse al suceso generador del estrés, sobre todo si viven en un contexto familiar acogedor y previsible, donde los adultos comunican, cuentan, expresan en palabras lo que hace sufrir o angustia al niño. Puede tratarse de un nacimiento, de un traslado, de una enfermedad, de una muerte, de un viaje, o incluso de la integración en la guardería o en la escuela infantil.

Actuar enseguida: prevenir antes que curar

A menudo se leen artículos sobre la agresividad en las revistas y periódicos. Hay numerosos artículos en prensa y revistas profesionales, atractivos y, sobre todo, alusivos a los problemas de agresividad. Estos títulos confirman todos ellos la misma realidad: el comportamiento violento del delincuente no aparece súbitamente en la adolescencia. La mayor parte de las veces tiene sus raíces en la primera infancia. A pesar de que se ve disminuir la agresividad con la edad en la mayoría de los niños violentos, y a medida que la socialización y el lenguaje se desarrollan paralelamente, algunos, más reactivos, continúan mostrando comportamientos agresivos en sus relaciones.

La agresividad es considerada como el mejor indicador de comportamiento delincuente antes de los 13 años de edad y como un factor de riesgo elevado de consumo de drogas ilegales y de dependencia en los últimos años de la adolescencia». Así es, los niños problemáticos en la guardería y en la escuela infantil tienen más riesgo de no llegar a obtener un título académico. No solamente los problemas de comportamiento agresivo persistentes en la primera infancia son buenos indicadores de una futura delincuencia, sino que también forman parte de los grandes factores de riesgo en lo que se refiere al éxito escolar. No hay que olvidar que estos niños generalmente han sido rechazados por su grupo de compañeros y manifiestan una débil autoestima.

Aun cuando se trate de trayectorias muy documentadas por la investigación, no hay que ver estos casos con un determinismo que condenaría ya a los niños agresivos etiquetándolos como futuros delincuentes. Se habla de *riesgos incrementados* y no de causas y efectos ineludibles. Hay una cosa cierta: cuanto menor es el niño, más maleable es su cerebro y más fácil será llegar a lograr que desaparezcan comportamientos antes de que cristalicen.

Hay que evitar que el modo de *hacer* se convierta en modo de *ser*. Los programas que enseñan a los padres a aplicar estrategias constantes y no violentas para tratar los comportamientos indeseables de los niños, tienen efectos muy positivos en la reducción de su agresividad infantil.

Los padres son agentes privilegiados y casa insustituibles para impedir que el niño tome el camino de la violencia, puesto que representan su arraigo afectivo. Con ellos, el niño, se humaniza, es decir, aprende a reconocer y a respetar las reglas que rigen las relaciones entre los seres. Los padres son héroes, modelos, educadores para el pequeño que aprende la vida. Este niño cuenta con sus padres para aprender a comunicar, para comprender los mecanismos de la relación positiva y, a veces, para detener los actos desmedidos.

2. Desarrollo de la agresividad en el niño

Primeras crisis, primeros vínculos El bebé de 0 a 1 año

Primera respiración, primer grito de la vida que llama a la relación. Instintivamente, la madre toma al recién nacido contra su seno, le mira, le sonríe, le abraza y le habla. El bebé se tranquiliza, encuentra calor, descubre un olor y, sobre todo, se inicia en la comunicación.

El lactante no comprende el sentido de las palabras, desde luego, pero sabe que está relacionándose, lo siente en el tono de voz de su madre, en sus entonaciones. El bebé se alimenta de mimos, de cuidados, de besos, de olores y de las voces familiares y tranquilizadoras de sus padres. Se nutre de amor, y eso permite que aumente su confianza en sí mismo y en los demás.

Anticipándose a las necesidades del bebé, respondiendo a sus gritos con cuidados, satisfaciendo sus necesidades de ser tomado en brazos, tranquilizado o estimulado, los padres le hacen ver que le escuchan, que lo consideran digno de ser amado. El despertar al mundo y a los demás se hace en esta atmósfera de confianza, en este contexto tranquilizador. Los padres, sensibles a las señales que les envía su bebé y respondiendo a ellas de manera eficaz, le permiten desarrollar el apego. Hay trabajos que demuestran que los bebés acostumbrados a interacciones activas, afectuosas y sanas con adultos, tienden a hacer intercambios más activos con los otros bebés (Vandell y Wilson,

1987), tendencia que se proseguiría en el transcurso de los años preescolares (Stroufe, 1983).

Para que el niño desee entrar en relación con los demás sus primeros vínculos han de ser satisfactorios: ellos son el núcleo de la relación. «Ser amado antes de ser socializado, la construcción de sí mismo como condición previa para la relación con el otro (Chicoine, 2006)».

El apego está asociado a una mayor sociabilidad con los demás niños y con los adultos, a una mejor aceptación de los demás y a menos problemas de comportamiento. Además, las personas seguras de sí mismas expresan sus emociones con mayor espontaneidad y descifran mejor las de los demás, que aquellas que han tenido un apego débil. Efectivamente, si una madre acoge a su bebé y descifra sus emociones, tanto sus afectos positivos, sus sonrisas y balbuceos, como sus gritos de rabieta y de socorro, y si los intercambios positivos y acogedores predominan en su relación, el niño aprende a expresar libremente sus necesidades y desarrolla confianza en las relaciones humanas. Es cierto que la madre sensible y expresiva favorece el desarrollo de un rico catálogo de emociones y permite al niño reconocer y descifrar las emociones de los demás. No está claro que dejando a un bebé desgañitarse de impotencia vaya a aprender que existen seres fiables y disponibles para responder a sus necesidades y aliviar su angustia. Gritando y llorando, el bebé comunica a su manera. Si se responde a sus necesidades, si se les pone nombre, se le enseña que puede comunicar en otro registro que el de sus gritos.

Si no se responde al malestar de los pequeños puede ocurrir que intensifique sus gritos de angustia para expresar urgentemente sus necesidades, o incluso, que llegue a hundirse en el silencio y la soledad. Los bebés no sólo lloran para ser cogidos en brazos, cambiados de pañal, alimentados o aliviados de un dolor físico, sino también para ser tranquilizados cuando los estímulos se convierten en fuente de confusión y de inquietud (luz, ruidos, olores, sensaciones no familiares) o cuando viven frustraciones ligadas al aprendizaje. Así, el bebé puede agitarse y llorar cuando quiere que se haga algo que él siente dificultad en hacer.

Este tipo de frustraciones se multiplican a medida que las aptitudes motrices del niño se desarrollan. Las capacidades psicomotrices favorecen la diversificación de los medios que el pequeño usa para entrar en comunicación con los otros. A los balbuceos y a las sonrisas de los 4 primeros meses se añade, hacia los 6 meses de edad, la búsqueda activa de contacto visual y de juego. El niño puede enfadarse cuando está decepcionado: es así como reacciona a la separación de su madre a partir de los 8 o 9 meses.

Poco a poco, en el transcurso de su primer año, empieza a interesarse por los otros niños, aunque sin jugar con ellos. Se observan muchas veces risas o llantos contagiosos entre niños de esta edad, que empiezan a tomar contacto entre ellos de forma física. Muchas veces estos contactos son torpes y agresivos, pero se llevan a cabo sólo para explorar, y sin intención hostil. Landy y Peters han señalado manifestaciones agresivas como reacción a las emociones intensas en niños de 5 meses: estos comportamientos agresivos se van intensificando durante los dos primeros años, incluso en ausencia de modelos de comportamiento agresivos.

En esta edad es frecuente ver a los niños hacer cosas como tirar del pelo, coger al otro por el cuello, lanzarle objetos, agarrarle con fuerza, tomar directamente objetos de la mano del otro. Estos actos son de simple exploración. Hacia la edad de 7 meses, el bebé se siente fascinado por los objetos que caen, explora de este modo el espacio y la profundidad. El pequeño escucha también los sonidos de los diferentes objetos que han caído al suelo, alimentos líquidos o sólidos, juguetes duros o blandos y, sobre todo, sonoros. Cuando estas experiencias degeneran a veces en una reprimenda colosal de un padre exasperado y furioso, el niño comprende poco a poco que tirar objetos va asociado a la expresión de la furia. Por consiguiente, él podrá expresar también su furia de esta forma.

A la pequeña Noemí le gusta mucho tocar diferentes texturas, los juguetes lisos y ásperos, los papeles arrugados y adhesivos, y también el cabello. Los rizos de su hermana Nadia constituyen su zona de exploración preferida, tanto más cuanto que esos rizos están adornados con lazos de colores y provocan gritos agudos cuando tira de ellos. Por eso, el pelo de su hermana es para ella un juguete maravilloso, suave y sonoro, ¡y que además de eso se agita!

En cuanto a Samuel, busca el contacto físico: los apretones cariñosos, los mimos, los abrazos. Los ofrece abundantemente a sus compañeros que sufren de asfixia y de aplastamiento, puesto que Samuel es dos veces más grande que ellos, porque, aunque no tenga más que un año, ya anda, y es mucho más corpulento que su primo de la misma edad, todavía en el estadio de «gateo».

Hacia los 8 o 10 meses el niño, capaz de manipular objetos, empieza a ofrecerlos a los otros, lo que favorece la interacción. Descubre uno, trata de alcanzarlo, para dárselo. Por cierto, ésa es la actividad central de la pequeña Anais, de 10 meses, que ofrece generosamente su juguete a su hermano.

No hay que suponer ninguna intención hostil a las acciones desmañadas de Noemí y de Samuel. Los dos necesitan que se les ofrezcan objetos para satisfacer sus necesidades sensoriales. Se pueden canalizar las necesidades de Noemí ofreciéndole una muñeca de cabello suave, una cubierta fibrosa, manoplas para el horno en las que se introducen diferentes tejidos u objetos de texturas variadas.

Papá y mamá pueden ayudar a Samuel a canalizar su necesidad de abrazar haciéndole caricias o dándole un gran cojín blando o incluso un peluche grande junto al que se acurrucará o al que rodeará con sus brazos.

Los niños menores de un año suelen ser torpes en sus contactos con los demás, porque a sus acciones les falta precisión. Por lo tanto deben aprender cómo abrir la mano para acariciar tiernamente, cómo acercarse con suavidad a los otros o simplemente cómo tender los brazos para recibir un mimo.

El control para estar de pie favorece los acercamientos. Por eso desde el año de edad, los niños poseen la capacidad física necesaria para ser agresivos. Entra en su repertorio acciones como alcanzar un juguete, tirar del pelo o de la ropa, o incluso lanzar, empujar y agarrar al otro.

Si el niño vive en una familia donde los padres comprenden el sentido de sus acciones y favorecen el aprendizaje del comportamiento social, el niño, que percibe esa confianza y a la vez confía en sus padres, se arriesga a adquirir con el tiempo nuevas formas de entrar en contacto con los demás.

El explorador (de 1 a 2 años)

El pequeño explorador, hasta ahora ocasional, se convierte poco a poco un explorador profesional y temerario. Andar le da poder: el poder de agarrar todo lo que está a su alcance. Tiene grandes ambiciones, quiere descubrir el mundo y en el transcurso de sus peripecias descubre que existen dos leyes, la de sus deseos y la de sus padres, quienes limitan su campo de acción para protegerle.

Entre los 12 y 24 meses las tasas de agresión física alcanzan el máximo. Richard Tremblay (1991) y sus colaboradores refieren que a los 17 meses, cerca de la mitad de los niños objeto de su observación habría empujado a otros niños, y que la cuarta parte de ellos les habrían dado patadas.

El explorador funciona en principio probando y equivocándose. Es una fuente inagotable de energía que goza de su reciente movilidad y descubre la autonomía que le ofrece. Repite sus actos para ver como reacciona el entorno a sus acciones. Observa estas reacciones antes de hacer deducciones, establece relaciones de causa y efecto para comprender, por ejemplo, que cuando da golpes a algo, sus padres se enfadan. Cuando las consecuencias siguen siendo estables, el niño de 18 meses a 2 años integra la información gracias a su maduración cognitiva.

José agarra la moto eléctrica de Gabriel. Su mamá le enseña otra moto parecida y le invita a devolver a Gabriel su moto. Pero a José no le interesa esta segunda moto. La que le cautiva es la ruidosa moto de Gabriel. No ha comprendido todavía que presionando en los pedales de la moto será cuando produzca esos «*bruum, bruum*» tan atractivos.

Cuántas veces, durante un recreo, he oído a educadoras quejarse de un pequeño que quiere tener el juguete de otro niño cuando hay otro juguete semejante a su disposición. El del otro se mueve en las manos de su propietario, parece estar vivo a los ojos del niño. Piaget llamaba a este fenómeno el pensamiento «animista». Si movéis el objeto que se parece para atraer su atención, constataréis que no se trata de un gesto conflictivo intencionado, sino de una exploración.

Hacia los 12-13 meses, el niño no solamente observa, sino que empieza también a comprender las emociones humanas. Mira el rostro de sus padres y distingue poco a poco las emociones que expresan. La estabilidad y la expresividad de las reacciones de los padres le permiten poco a poco descubrir que determinado comportamiento provoca el descontento de sus padres, e incluso su furia. Sin embargo aunque lo descifre, la obediencia no está asegurada.

Sarah Landy (2002) opina que los niños, en su segundo año de vida, obedecen a las reglas el 45% de las veces. Esta etapa se caracteriza por el encuentro con la prohibición. El deseo de autonomía, aumentado por las habilidades motrices que van creciendo, choca con el control ejercido por los padres que detectan los peligros. Con frecuencia esto empieza con aventuras del pequeño explorador que reacciona a las prohibiciones tirándose por el suelo, dando patadas y lanzando objetos. Quiere conquistar su sitio y decidirlo todo, pero también teme, cuando ha pasado la rabieta, perder el amor de sus padres. Al principio de este lío de límites, el pequeño se queda desconcertado, sorprendido de encontrar una madre malvada y un papá terrible que le dicen «no».

Hacia los 18 meses, el pensamiento simbólico ayuda al niño a anticipar las reacciones de sus padres. Este modo de pensar le permite la representación mental, es decir, tener acceso a imágenes mentales. De este modo el niño es capaz de recordar una escena durante la cual ha provocado la cólera de sus padres, ha visto que le confiscaban un juguete o incluso le han puesto en un rincón, separado de la familia. Por lo tanto puede asociar un determinado comportamiento con una determinada consecuencia.

Estas asociaciones y estas relaciones de causalidad ayudan al niño a integrar progresivamente los límites. Por eso la disciplina, aunque ya haya estado presente en las felicitaciones o en las prohibiciones de la familia, debe ejercerse desde esta edad. Si esto no ocurre, el niño se siente omnipotente y puede volverse tiránico y centrado únicamente en la satisfacción de sus deseos en perjuicio de los demás.

Hacia el final del segundo año, si vive en una familia donde reina una sana disciplina, él interiorizará algunas prohibiciones, diciéndose «no» él mismo cuando se presente la tentación. Además es gracioso observar al pequeño explorador diciéndose él mismo no, mientras pulsa frenéticamente, por ejemplo, los botones del mando a distancia.

En realidad aunque él conoce la consigna y las razones que subyacen en ella, experimenta muchas veces dificultades para dominar sus caprichos. Necesita la ayuda de los adultos para frenar algunos comportamientos. Es mucho más fácil para él seguir un impulso que le empuja a obrar que detener una actividad en curso. Por otra parte, sus mecanismos de autocontrol son inmaduros, ya que éstos se desarrollan a lo largo de la primera infancia, permitiéndole integrar poco a poco las normas sociales.

Grandes rabietas (de 2 a 3 años)

De los 2 a los 3 años se observa el mayor número de estas crisis en el niño. Algunos, a los que hasta ahora se consideraba tranquilos, se ponen a gritar y a dar patadas cuando se sienten frustrados. ¡Y ya lo creo que hay frustraciones! Una de las mayores fuentes de frustración son, precisamente, los padres. La búsqueda de autonomía del niño, y su necesidad de autonomía le impulsan a luchar contra ellos. Trata de tomar posiciones frente a ellos, de demostrar que tiene voluntad propia, sus propios deseos y capacidades.

Al enfrentarse al otro, expresa su identidad y su diferencia. Divide sus ideas en dos categorías, lo «mío» y lo «no mío», y hace lo mismo para los objetos: «para mí» o «no para mí». Los límites expresados por los padres, entran entonces en la categoría «no mío» y esto frustra al niño. Distingue muy bien las emociones y constata la decepción del padre que reprende, distingue el signo de las cejas fruncidas y el dedo acusador de la madre que desaprueba. La cólera del niño aumenta, le llena hasta invadirle y hasta el punto de que la siente como una gran ola incontrolable.

A esta edad la inmadurez del cerebro hace difícil la regulación del humor y, por consiguiente, el dominio de sus emociones. El niño tiene necesidad de ayuda externa para canalizar sus «tsunamis emocionales». El adulto debe poner nombre a lo que pasa, dar un sentido a las tempestades. Estos intercambios ayudan al niño a expresarse. «Los que saben hablar asocian rápidamente imágenes con situaciones y anticipan mejor las acciones que han surgido. Así se sienten menos angustiados y se centran más en la palabra que en la acción» (Antier, 2003). Por lo tanto, el lenguaje es un instrumento esencial para la autorregulación afectiva.

Además de los contratiempos asociados a la disciplina de los padres, el niño de dos años vive frustraciones relacionadas con su necesidad de autonomía. Ahora que anda, corre y parece mayor, se siente fuerte, poderoso y capaz de todas las hazañas. Experimenta orgullo cuando consigue alguna acción u objetivo. Por eso quiere hacerlo todo solo, las cosas grandes y las pequeñas, y a veces sobrevalora sus capacidades motrices y reacciona mal ante las dificultades. Los «deja, que yo puedo» van a veces seguidos de llantos o gritos de impotencia, o de rabia, ante el pantalón que no puede subir o el quinto bloque que persiste en hacer caer la torre de su juguete. Ya él se implica en actividades orientadas a un fin. Sabe lo que quiere, pero su voluntad choca hasta el límite de su capacidad.

Se muestra posesivo y tiene dificultad para compartir. Los conflictos por la posesión son el centro de la mayoría de los altercados de los niños de esta edad. Se observan actos agresivos, como tirar, arrancar, pellizcar o morder para conseguir o recuperar un juguete. En el transcurso del segundo año los niños son capaces de reunirse en un pequeño grupo, pero prefieren todavía el juego de dos, durante el cual están atareados, uno al lado del otro, pero sin cooperar. Muchas veces los niños se escogen, aliándose con otros que manifiestan los mismos intereses y que codician los mismos juguetes: entonces es cuando estalla el altercado. Aunque el 50% de las interacciones de los niños de 2 años sean pacíficas y no conflictivas, a esta edad es cuando se observa el mayor número de amenazas y de agresiones entre niños (Strayer, 2002). Por otra parte los mejores amigos se encuentran entre los compañeros con los que viven conflictos. Al ir haciéndose mayores, las actividades pacíficas se convierten en buenos indicios de amistad.

Lo esencial de los litigios es, desde luego, la posesión de los juguetes, pero también la posesión del adulto. El niño es capaz de apegarse a varias personas, pero se disputa la atención exclusiva de las personas más próximas. Sólo cuando son muy pequeños aceptan compartir la atención de sus padres con sus hermanos.

Por consiguiente, en la etapa de los 2-3 años se da oposición, afirmación y afán de posesión, pero también se desarrollan habilidades que ayudan al niño a aceptar las frustraciones. Él distingue bien lo permitido de lo prohibido, mientras las reglas sean constantes y limitadas en número. El niño llega entonces a interiorizar la mitad de las veces las reglas que le han dictado los adultos, es decir, a seguirlas él mismo sin ayuda.

A Jacinta le encanta jugar con el agua. Al lavarse las manos, hace que se salga el agua del lavabo. Recuerda la mirada furiosa de su mamá que la ha visto hacerlo y se acuerda muy bien de que han tenido que quitar el agua del suelo juntas. Esta mañana unas ganas locas de jugar con el agua la han impulsado a dejar flotar sus juguetes en el váter. Observa de lejos a mamá. Una duda le ronda. ¿Está permitido? No hay estropicios por el suelo, pero mamá habla muchas veces de la suciedad y de los microbios del pipí y de la caca. Ve a papá acercarse, con los ojos llenos de cólera. Ella se para enseguida. Su padre le riñe y le dice que tiene que pedir permiso cuando quiera divertirse con el agua.

Igual que Jacinta, los pequeños de 2 a 3 años comprueban muchas veces la reacción de los otros para adaptar así su comportamiento. La mirada furiosa de papá ha hecho que Jacinta deje su juego. Sin embargo, los pequeños de esta edad tienen dificultad para generalizar las reglas. La prohibición de que se salga el agua del lavabo no ha sido transferida a los juguetes flotando en el agua del váter. ¡Es tan difícil a esta edad refrenar los deseos sin la ayuda de un adulto! Los pequeños son capaces de pedir ayuda y de escoger entre un número limitado de posibilidades. Por lo que se les puede enseñar a pedir la ayuda del adulto y a decidir si esta idea o esta otra es buena.

Además a medida que se van haciendo mayores, los niños se muestran cada vez más capaces de esperar para obtener la satisfacción de sus deseos. Como ya tienen acceso a las imágenes mentales, pueden anticipar la satisfacción por lo menos si han constatado con el paso del tiempo que pueden fiarse de las promesas de los adultos de su entorno.

Esta aptitud para esperar, para escoger, para comprender lo que está permitido y prohibido reduce la impulsividad y ayuda a disminuir la frecuencia y la intensidad de las crisis. En cuanto al desarrollo del lenguaje, sirve de apoyo a la reflexión y de puente para los intercambios relacionales.

Las palabrotas (de 3 a 5 años)

«Las palabras van a permitir al niño distanciarse de lo inmediato, reflexionar, planificar su acción y así organizar progresivamente el conjunto de su comportamiento. El lenguaje anuncia también la aparición de la autorregulación afectiva» (Dumas, 2000).

A partir de los dos años, y más especialmente hacia los tres, el niño quiere hablar a los demás, decir lo que quiere o lo que no quiere, en lugar de utilizar la agresividad física. Utiliza también el lenguaje interior, se habla a sí mismo para integrar las consignas y para «razonarse antes de actuar».

Éduardo mira cómo se mueven sus manos y les dice: «¡Basta de tocarlo todo! Está prohibido. Ahora mismo vais a acostaros en mis bolsillos».

El lenguaje y el pensamiento simbólico están aquí al servicio de la socialización. «Es interesante observar que la frecuencia de las agresiones físicas disminuye durante el tercer o cuarto año después del nacimiento, mientras que la frecuencia de los gestos de agresividad indirectos (declaraciones ofensivas a espaldas de la persona aludida) aumentan de forma marcada entre el cuarto y el séptimo año» (Tremblay, 2003).

El niño recurre a las palabras para expresar su cólera y sus deseos y se da cuenta rápidamente de que este medio es eficaz. La mayoría de los adultos dan valor a la expresión verbal y se admiran ante la riqueza del vocabulario y de expresiones. Por lo que es un medio eficaz para crear lazos, pero también para provocar, puesto que hay fórmulas prohibidas.

Unas veces el encantador querubín de 3 o 4 años emplea fórmulas de cortesía para agradar a los adultos, pero otras son más bien las palabras escatológicas las que están a la orden del día. Ha adquirido la propiedad, ya no es un bebé que se hace pipí en el pañal, se ha convertido en un mayor que se arriesga con palabras provocadoras para demostrar su independencia. Algunas palabras hacen reaccionar a los adultos que reprenden entonces al niño, le hablan o le castigan. Si es objeto de atención ha conseguido lo que buscaba. Otras palabras hacen reír o enfadar a los amigos, a los hermanos y hermanas. Al emplearlas descubre el poder de las palabras, las que hacen reír y las que no gustan a los mayores. La agresividad verbal aparece al principio de forma directa, el niño lanza el insulto a la cara de la víctima; después, poco a poco, a la edad escolar, la injuria se convierte en maledicencia indirecta.

Ya sean palabrotas o arrebatos no hay que perder de vista que a la edad preescolar los niños tienen un pensamiento muy egocéntrico. La única perspectiva a la que han accedido es a la suya. No pueden imaginarse lo que piensa o siente el otro, a menos que ese otro se lo exprese. Hacen deducciones con los elementos observables y tienen dificultad en descentrarse de su propio deseo o emoción.

> Julia trata a Sandra como a un «bebé grande apestoso; como una caca». Su maestra se acerca tranquilamente y le pregunta si le parece que a Sandra le ha gustado que la trate de ese modo. Julia sonríe, excitada todavía por su hallazgo, y dice «sí, me gusta eso». Su maestra frunce las cejas, levanta el tono de voz y le hace ver que Sandra llora.

Así los pequeños aprenden a reconocer la situación que desencadena la emoción del otro, pero les es difícil adivinar que esas palabras son desagradables para el otro, cuando ellos sienten tanto placer al pronunciarlas. Además los niños de edad preescolar descubren lo que está bien y lo que está mal a través de las reglas impuestas por los padres. Su sentido moral está construyéndose. Por eso necesitan del adulto para tomar conciencia de las consecuencias materiales y concretas de sus actos.

La negociación (de 4 a 5 años)

«Entre los 4 y los 9 años el cerebro trabaja dos veces más que en la edad adulta» (Antier, 2003). Los juegos motores siempre presentes se tiñen de imaginación y de fantasía. Un mundo de magos, de hadas, de caballeros, de policías y ladrones viven en la mente del niño. Es capaz de inventar un escenario con etapas precisas en la acción, transformar una roca en rana y jugar con convicción de que él o ella es un héroe. Se muestra capaz de anticipar, planificar, seleccionar, crear nuevos modos de hacer, por tanto de diversificar sus estrategias. Cuando vive una frustración, es capaz de proponer una solución sustitutiva. Ya no se contenta con pedir ayuda al adulto o cometer actos agresivos. Es cada vez más dueño de sí, expresa verbalmente su cólera o su pena, puede parar o detener una acción para discutir una solución. Se muestra más sensible a los otros y consciente de las situaciones que provocan inquietud, orgullo, alegría, pena o cólera. Le resulta más natural el compartir. Puede evaluarse y sentir vergüenza o culpabilidad (Landy, 2002). Todas estas experiencias hacen de él un potencial negociador.

> Marian dibuja una casa. Ha previsto los colores del tejado y de la puerta, así como los árboles y el columpio en el patio. Alexia dibuja junto a ella y toma el lápiz rojo. Marian se siente frustrada, puesto que ése era el lápiz con el que ella deseaba pintar la puerta y el tejado. Respira, después explica a Alexia que ella quiere el lápiz rojo. Alexia dice «¡no, es mío!». Marian le sugiere entonces un lápiz naranja. Alexia se niega otra vez. Marian le propone tomar el lápiz «dos minutos», pero «es mucho dos minutos», le asegura. Marian observa a Alexia, que saca la lengua esforzándose en dibujar un monigote. Ella decide entonces negociar para conseguir el lápiz rojo durante dos minutos, a cambio de su ayuda para dibujar el monigote. En esta situación, Marian ha sabido dominar su emoción, respirar, contenerse, proponer una solución; es decir, negociar.

Este arte de la negociación puede practicarse también en las relaciones con los padres y maestros. Aunque, a esta edad, los niños obedecen las reglas la mayor parte del tiempo, empiezan a argumentar. Las negociaciones quedan abiertas mientras los adultos no les pongan término.

Esta habilidad para negociar ayuda a conservar la armonía no significa que los padres y los profesores desistan de seguir manteniendo la disciplina.

3. Antídotos contra los comportamientos agresivos

Una educación eficaz por parte de los padres

Ningún niño nace civilizado. Al principio de su vida, todos los niños tienen un funcionamiento psíquico que está a mil leguas de las reglas de vida en sociedad.

En efecto, los pequeños funcionan según el principio del placer, es decir, quieren conseguir el mayor número posible de satisfacciones y lo más rápido posible. Este placer se desea sin ninguna consideración por el otro, puesto que viven como si fueran el centro del mundo; el egocentrismo tiñe todas sus interacciones. Por consiguiente tienen necesidad del adulto para humanizarse, para controlar sus deseos y para considerar el punto de vista del otro. Si no aprenden esto, los niños se vuelven tiranos, viven de la intolerancia y continúan utilizando medios agresivos para satisfacer sus deseos.

El papel de los padres consiste pues en guiar al pequeño para que evolucione hacia la realidad y entre en contacto con las obligaciones que le impone la vida en sociedad. «La tarea del adulto es doble: debe alimentar la conciencia del niño enseñándole lo que es preferible, y al mismo tiempo debe establecer un equilibrio en los impulsos que animan al niño, ya que su responsabilidad no se limita a mostrar al niño lo que es preferible, sino también a asegurarse de que lo hace».

Estas medidas entre los deseos del niño y las reglas del adulto, dictadas en función del bienestar del niño y del respeto al medio, permiten al pequeño adaptarse poco a poco socialmente. La disciplina está al servicio del niño, es decir, que le procura límites de seguridad, sin perjudicar su autonomía ni su identidad.

La socialización de la agresión se inicia en la familia. Haciéndole respetar las reglas, se le proponen al niño modelos a imitar para inculcarle valores en la vida diaria. «Las relaciones entre los métodos educativos de los padres y el desarrollo de los problemas de conducta en el niño están ampliamente documentadas. Cuando se aborda la cuestión del rol de los padres, se plantean las nociones de afecto, de control de los comportamientos indeseables y de nivel de compromiso de los padres» (Royer, 2004). Jean Dumas añade: «Mis investigaciones y las de numerosos colegas indican, generalmente a partir de las observaciones directas en el marco familiar, que la mayor parte de las madres de los niños pequeños agresivos tienen grandes dificultades de disciplina». Las investigaciones asocian el desarrollo de los problemas de comportamiento a una disciplina incoherente, a tácticas coercitivas, a una supervisión deficiente y al poco compromiso de los padres (Krakow, 2007). Frank Vitaro y Claude Gagnon (2002) señalan: «Adoptan una disciplina donde alternan tácticas autoritarias y rígidas y tácticas permisivas o de dejadez».

Una educación ineficaz se caracteriza ante todo por su incoherencia. Aunque la incoherencia perjudica innegablemente a la socialización de la agresión, no hay que olvidar tampoco el impacto del trato severo y punitivo. Campbell y sus colegas han constatado que, tal y como han referido las madres, el recurso a técnicas de disciplina negativas a la edad de 4 años presagia, como consecuencia, problemas de exteriorización a los 9 años». Si el padre se muestra permisivo y olvida sus propias necesidades de adulto, él envía a su hijo el mensaje de que el mundo no funciona más que para satisfacer sus deseos. El niño busca sus límites, cada vez más y más lejos. La familia vive en un clima de tensión donde la violencia del niño no se solventa. Por otra parte, si el padre pone en práctica la azotaina y la corrección física, está respondiendo a la agresividad del pequeño con la violencia, favoreciendo así ese estilo.

Por el contrario, varios autores han hecho notar que los padres que se muestran vigilantes respecto a la conducta de su hijo, es decir, constantes en las exigencias que imponen, y que demuestran una actitud expresiva y justa hacia sus hijos, son más susceptibles de favorecer el desarrollo del autocontrol en éstos. Vigilancia y constancia exigen tiempo, perseverancia, paciencia y, por consiguiente, el compromiso de los padres. Se trata de ejercer sus responsabilidades como guías y modelos, jugar un papel activo en el desarrollo del niño. Se observa este compromiso, no solamente en la transmisión de los valores a través de reglas, sino sobre todo y ante todo, en la relación.

El niño que es amado y que se beneficia de una atención de los padres afectuosa y empática, acepta más fácilmente las restricciones y la disciplina. Ha tomado y sigue tomando contacto con el objeto de su amor, mamá y papá, que le procuran afecto y numerosas ocasiones de disfrutar juntos. No son más que policías vigilantes preparados para corregir cualquier extravío.

Es necesario confiar en este amor profundo tejido día a día desde el nacimiento del pequeño. Este amor no se destruirá, no disminuirá porque frustréis al niño con un «no» firme. Los estudios demuestran que los niños cuyos padres son muy punitivos y poco afectuosos tienen más tendencia a tener problemas de adaptación social que aquellos cuyos padres son afectuosos y atentos y ejercen un control firme, pero no excesivo.

Otros estudios han demostrado que un clima familiar afectuoso y empático se asocia, en los niños pequeños e incluso en los de más edad, al desarrollo de aptitudes para negociar y a una mayor sensibilidad que los otros. Por tanto es la combinación de la sensibilidad de los padres (afecto, atención positiva, tacto) y del control de los comportamientos los que componen la más eficaz educación paterna.

Elementos que facilitan el ejercicio de la disciplina

Para ejercer una adecuada disciplina con los pequeños por parte de la familia y la escuela, se tienen que dar una serie de elementos como son los siguientes:

* *Una relación de amor.* El niño se siente tranquilizado por una educación afectuosa donde padres y maestros están disponibles y le dan confianza. El amor permanece indefectible e incondicio-

nal, a pesar de las disputas o las reprimendas. Los límites están impuestos para servir al desarrollo del niño.

* *Un ambiente previsible y seguro.* Los rituales señalan los momentos de la vida diaria, como las comidas, la siesta, la hora de acostarse, etc. El niño sabe cómo se desarrollan esos periodos, integra poco a poco la serie de gestos a seguir y anticipa las expectativas y las reacciones de los adultos. Esto le procura un sentimiento de seguridad y limita la necesidad de repetir las consignas.

* *La sensibilidad y el tacto.* La disciplina se tiene que ajustar a la edad y al contexto del niño. Por ejemplo, los padres de Pedro, de 4 años, le piden habitualmente que ponga orden en todos sus juguetes antes de acostarse. Pero esta noche Pedro juega a ser arquitecto y ha emprendido la construcción de todo un pueblo. Ha trabajado durante más de 30 minutos y sigue absorto con su tarea. Su padre le permite conservar sus construcciones y dejar las piezas por el suelo para poder continuar a la mañana siguiente. ¡No se trata de un desorden, sino de una obra maestra!

* *Valores bien cimentados.* Sabiendo que el pequeño debe integrar un número restringido de límites, es muy importante para los padres determinar los valores que quieren transmitir a sus hijos. Estos valores se convierten en prioridades educativas a las que se adhiere la escuela, asegurando así la coherencia y la constancia con el niño. Hay reglas irrefutables que propugnan estos valores. Respeto a sí mismo y al otro y honestidad, están en la base de una moral que respalda la no-violencia.

* *Mensajes claros.* La formulación de las consignas a los niños debe permitirles comprender cuáles son las expectativas concretas de los adultos. ¿Qué acciones, qué comportamientos deben realizar o interrumpir? «Sé bueno», «cálmate», «ya está bien», todo esto puede significar cosas diferentes, según el mensaje y según el contexto. Describid concreta y positivamente vuestras expectativas, evitando los «nunca». Si podéis explicar mentalmente la consigna mediante un pequeño dibujo, podéis además afirmar que el niño tiene también probabilidades de captar vuestra intención.

* *Los modelos.* Los niños observan a sus padres y educadores, los admiran y los imitan. Entre los factores de influencia responsables del autocontrol, se encuentra los modelos que se ofrecen al niño.

Claridad, transparencia, coherencia y sensibilidad son básicas para una educación eficaz. Desde bebé hasta los seis años, la familia y la escuela deben afrontar el mal comportamiento de los niños adaptándose a su nivel de desarrollo.

Bea es una bebé. Hoy está muy excitada. Papá la lleva a la piscina sujeta en sus brazos. Sus piececitos rozan el agua tibia, oye los gritos estridentes de su prima. Se agita y golpea el agua. Salpica a su papá que ríe de buena gana. Luego ella reproduce este gesto en la cara de su padre. Trata de reproducir un efecto, explora las reacciones. Su papá le dice: «No, a mí no. ¡Me molesta! Lo divertido es hacerlo con el agua. Mira». Reacciona con calma y explica brevemente lo que pasa. Ofrece a su hijita un medio para desviar su atención en el descubrimiento. Bea explora su entorno intentando hacerlo reaccionar.

Los padres y educadores de los pequeños deben perseverar en repetir, repetir y repetir. En el transcurso del segundo año será cuando el niño se liberará del ciclo acción-reacción y podrá acordarse de las prohibiciones, gracias a la representación mental. El bebé necesita tiempo para comprender lo que pasa, es decir, darse cuenta de que su gesto provoca tal o cual reacción. La seguridad de su entorno le procura ocasiones de experimentar el poder de sus actos, y sus padres, si son pacientes y le quieren, le tranquilizan cuando las consecuencias le sorprenden.

Laura, de 2 años y medio, le pega a su mamá en la cara. Josefa no comprende el gesto de su hija que parecía tan dichosa de encontrarla después de la jornada en la guardería. Ha corrido a sus brazos, y ¡plas! ¡un cachete en plena cara! Los niños de esta edad pueden tener bruscas variaciones de humor. Josefa frunce las cejas y deja a su hija en el suelo. Laura patalea.

—«Laura, ya sabes que no te dejaré nunca que me hagas daño. Si quieres ir sola, puedes decírmelo. Ahora, elige, ¿quieres ir en brazos o vas sola?».

Los niños de 2-3 años toman conciencia de las prohibiciones si los padres son constantes en las reglas y en las reacciones cuando hay malos comportamientos.

Hugo, de 4 años, se divierte en el parque, en el tobogán. Sus padres lo miran. Están orgullosos de su hijo, que deja a los otros niños deslizarse y espera su turno. Incluso ha consolado a la hermana de Julio, a la que un niño mayor ha empujado, y ha soplado sobre su pupa, como le hace su propio padre. Además, este gesto le ha valido una hermosa sonrisa de mamá y un guiño de ojos de papá. Mamá indica a Hugo que ya es hora de volver a casa. Continúa sus juegos. Su padre lo agarra y le saca de las escaleras de la pista. Hugo le pega.

—«Ya sabes que no te consiento que me pegues».

—«No podía salir de las escaleras reculando. Son escaleras difíciles y no quieren», responde Hugo.

El pensamiento animista de los niños de edad preescolar los impulsa a censurar a los objetos que les hacen daño. Aunque suelen obedecer más a los 3-5 años, porque conservan más tiempo en la memoria las prohibiciones y tratan de agradar, todavía se siguen oponiendo a los adultos. Son capaces de anticipar lo que va a pasar, las secuencias de acción antes-después y las consecuencias concretas. Por eso es mejor avisar al niño con anticipación de las etapas de una actividad y hacerles repetir: «Acuérdate, Hugo, que después de deslizarte tres veces, tenemos que volver a casa». Antes de irse de paseo al parque, el padre puede preguntar las reglas para irse: «Yo voy de la mano de papá o mamá y cuando sea la hora de volver, dejo de jugar».

Se puede explicar a los pequeños las consecuencias de sus acciones en torno a la edad de 3 años aproximadamente. Hacia los 5 o 6 años, el método se hace más eficaz, es decir, que el pequeño reflexiona sobre las consecuencias de forma autónoma. Sin embargo, hay que asegurarse de que el niño comprende la relación entre el comportamiento y la consecuencia, y ésta debe ser inmediata. Por eso hay que desterrar las siguientes fórmulas: «si sigues pegando a las personas, después irás a la cárcel...» o «la policía te va a detener...». Las consecuencias deben también ser naturales y lógicas, es decir, directamente relacionadas con la mala acción.

Sea cual sea la edad del niño ante todo hay que reconocer, descifrar y verbalizar sus necesidades o sus sentimientos. Un pequeño puede pegar por excitación, por rabia, porque se siente angustiado, por inseguridad o por torpeza. Sea cual sea la barrabasada del niño, en la relación hay que tener en cuenta la prioridad. Este principio de base se contradice si se ignora un comportamiento del niño o si se le encierra sin decirle por qué, sin sugerirle soluciones de cambio y sin reconciliarse con él cuando está en estado de receptividad. Para socializarse el niño debe comprender, aprender y expresarse. Está claro que no será en solitario como entablará este proceso.

La atención positiva

«¡Mía, mía!», «¡Mira!»: el niño trata de captar la mirada de sus padres y maestros, solicita su presencia, para compartir sus descubrimientos y demostrar sus proezas. La mirada del otro alimenta su autoestima. Tiene que tomar conciencia de su propio valor antes de concebir que los otros son igualmente dignos de respeto.

«Os presento a Jonathan, un trasto. Es como su padre, no tiene cabeza... No escucha, es colérico. ¡Buena suerte!» Así es como la mamá de Jonathan ha presentado a su hijo de 4 años a sus maestras. Recientemente abandonada por el padre de sus tres hijos, esta mujer destruida, agotada, llena de rabia, sobrevivía lo mejor que podía al desmoronamiento de sus sueños. El hecho de colocar una etiqueta a un niño demuestra muy bien la impotencia del adulto para descifrar sus necesidades. Y Jonathan el trasto se esforzaba cada día en demostrarnos que su apodo era cierto. ¡Defendía la etiqueta que le habían puesto! A sus maestros nos hizo falta perseverancia y confianza en su potencial para hacerle entrar en el otro Jonathan, herido, desde luego, pero capaz también de aprender a controlar sus gestos impulsivos.

La atención, ya sea positiva (aliento, signos de reconocimiento) o negativa (castigo, amenaza, chantaje afectivo), actúa sobre la frecuencia o la intensidad del comportamiento del niño. Si se está atento a un comportamiento, se aumenta la probabilidad de que se repita. En general, se concede el triple o el quíntuple más de atención a los comportamientos revoltosos que a los comportamientos adecuados. Un estudio de Allan Shore, que data de 1994, pone de relieve que «entre los 11 y 17 meses de edad, el niño muy pequeño ve cómo se le prohíbe una acción cada nueve minutos». Luego es importante escoger qué comportamientos queremos que se consoliden y se desarrollen. Existe una relación entre la ignorancia de los comportamientos positivos y la respuesta positiva a los comportamientos negativos, y la agresividad.

Richard Cloutier y Louise Dionne (1981) destacaron que «los padres de los chicos agresivos despreciaban y castigaban más a sus hijos que los de otros grupos (no agresivos y asertivos)». Estos autores constataron que el castigo psicológico (chantaje, infravaloración y culpabilización) actuaba negativamente en la confianza en sí mismo del niño y en su sentimiento de seguridad, provocando la agresividad contra sí mismo y la autodestrucción.

En cuanto al castigo corporal, provoca agresividad, actos antisociales y delincuencia. El chantaje afectivo (ya no te quiero o ya no te querré más) provoca en el niño el miedo a ser rechazado o abandonado si no obedece. Esta forma de amenaza, del mismo valor que la culpabilidad («la has hecho llorar, debería darte vergüenza»), provoca inseguridad en el niño y le estanca en una relación que él percibe como frágil y sujeta a los cambios. En cuanto al castigo físico, confirma al niño en que el uso de la fuerza o de la violencia es un medio eficaz para alcanzar sus objetivos.

La ausencia de fortalecimiento de los comportamientos deseables impide que éstos formen parte del registro del niño. La disciplina incitativa preconizada por Germain y Martin Duclos (2005) hace el elogio del reconocimiento de los actos positivos y de los esfuerzos del niño por mejorarse. Algunas veces, en la guardería, observamos que surgen trastornos de comportamiento en niños hasta entonces bien adaptados al grupo, como reacción a las actitudes educativas centradas en los actos reprensibles. El niño no agresivo, buscando el reconocimiento de su educadora, viene a reproducir los gestos no aceptables de un compañero a quien se le presta toda la atención. De hecho, todos los programas de represión de comportamientos negativos (los centrados sobre la punición o la recuperación) se han desvelado claramente menos eficaces que los programas centrados en la promoción de los comportamientos positivos. Por todo ello, es importante aprender a reconocer los pequeños actos que hacen los niños y que no se tienen en cuenta, puesto que son más bien los que nos incomodan los que atraen nuestra atención.

Benito, de 4 años, y su hermano Martín, de 6, se pelean. Sus formas son bruscas, especialmente las de Benito, que le da un gran golpe en la espalda a su hermano como señal de saludo. Su madre le obliga a estar solo después de este altercado. Ella habla de esto con su padre que le sermonea un buen rato. Por el contrario, Benito se muestra dulce y afectuoso con Coral, su hermanita de 1 año. Le acaricia el pelo, le da tiernos besos en las mejillas. Esta es una buena ocasión para que los padres pongan de relieve su capacidad para relacionarse positiva y afablemente.

—«Ya veo que eres muy cariñoso con Coral. Estoy contenta por eso. Veo que puedes hacerlo». Ella hará notar esta acción a papá delante de Benito, que sentirá el deseo de hacer lo mismo con su hermano. Será un estímulo para saludar cariñosamente a su hermano con un: «¡Hola Martín!».

Hay múltiples formas de prestar atención positiva: una sonrisa, un guiño de ojos, una palabra de felicitación, un aplauso o cualquier otro gesto. Las felicitaciones deben ser inmediatas y concretas, es decir, que las palabras deben describir concretamente la acción del niño y la satisfacción del adulto. Hacia los 4 o 5 años, se puede también promover la auto-felicitación, lo cual favorece la autocrítica: «¡Puedes estar orgulloso! ¿Y tú, estás contento de...?». Desde los 3 años los niños son sensibles a los elogios, les gusta sentirse orgullosos. Hasta los bebés reaccionan a la atención positiva. «Es posible alentar los comportamientos altruistas en los pequeños manifestando su interés al niño que acaba de dar gusto o de hacer un servicio a otro bebé, siendo él mismo un modelo a imitar».

Esta orientación exige observación, atención y tiempo. Una madre me hacía notar en una conferencia que cuando las cosas iban bien en casa, no había disputas, ella aprovechaba para cumplir con sus tareas domésticas. Enseguida ha confesado que esos periodos eran cortos y que arreglar los conflictos le llevaba bastante tiempo.

En realidad es de más provecho compartir diez minutos con sus hijos dando a entender el gusto que siente por poder compartir este tiempo con ellos, cambiar impresiones y jugar. Tendrán enseguida toda la motivación necesaria para reproducir las conductas positivas. Después de haber pasado un rato con sus padres, probablemente dejarán de demorar la hora de acostarse para llamar la atención.

El empleo de la atención positiva se apoya en la convicción profunda de que el niño puede desarrollarse armoniosamente. Esto valida y estimula su autonomía afectiva y le tranquiliza respecto a su valía.

MENSAJES POSITIVOS PARA FORTALECER LOS COMPORTAMIENTOS DESEABLES

	COMPORTAMIENTOS NEGATIVOS	COMPORTAMIENTOS POSITIVOS	MENSAJES POSITIVOS
1.	Arrebata los juguetes.	Pide un vaso de leche educadamente.	Estupendo, me has hecho una buena pregunta. Has aprendido a preguntar.
2.	Grita y no deja vivir hasta conseguir algo.	Espera pacientemente en el supermercado.	¡Muy bien! Había varias personas. Había que esperar. Has sido paciente. Has sido capaz de esperar.
3.	Tira las cosas cuando tiene dificultad para realizar una tarea.	Acaba de pedir ayuda para vestirse.	Fenomenal, vienes a pedirme ayuda. Tu abrigo es difícil de abrochar. Juntos lo conseguiremos.
4.	No quiere compartir sus juguetes.	Comparte su bizcocho con un compañero.	Está bien que compartas tu bizcocho con Gabriel. Mira cómo sonríe. Está contento y yo también.
5.	Empuja para ser el primero e ignora al otro que llora.	Simula consolar a su bebé que llora y sigue a otro carrito de muñeca.	Estás consolando a tu bebé que llora, porque has visto que estaba triste. ¡Qué buena idea, seguir al carrito de Carolina! Así no hay accidentes. Muy bien, has aceptado pasar después de Carolina.

Favorecer la expresión verbal: el lenguaje, el mejor instrumento

Los estudios demuestran que existe una relación marcada entre el comportamiento perturbador y el retraso del lenguaje, tanto en los niños como en los adolescentes y los adultos. Por otra parte se ha observado ya esta relación a la edad de 19 meses. Jean Dumas pone de relieve que los niños agresivos tienen un uso más limitado de la palabra para compartir sus experiencias o decir lo que sienten, para influir en su entorno o para tratar de resolver un problema que los niños sin dificultades. Suzanne Denham y Rosemary Burton (2003) asocian la capacidad emocional de los niños y los modelos ofrecidos por los padres, con sus formas de reacción a las emociones de su hijo.

La *capacidad emocional* designa la capacidad del niño para reconocer sus emociones y las de los demás, para expresarlas y regularlas, de tal modo que le permita reaccionar con respeto. Así, en los niños cuyos padres no reconocen ni ponen nombre a las emociones y se observan dificultades para mostrarse empáticos y gestionar sus emociones.

El lenguaje permite al niño comunicar, entrar en contacto, socializarse. Pone palabras a sus emociones y a sus necesidades, lo que le ayuda a pasar del modo preverbal de la comunicación al modo verbal. Si mantiene la escucha, pone las bases para desarrollar su sensibilidad hacia el otro. Kaler y Kopp han mostrado que los niños pequeños respetaban las consignas de los adultos según su grado de comprensión del lenguaje. El niño que experimenta dificultades para expresarse también experimenta dificultades para crear y mantener amistades.

Los niños que comprenden a los otros con dificultad y que tienen dificultad para expresarse tienen más riesgo de manifestar problemas de adaptación psicosocial. Así es, porque el lenguaje sirve también para autorregularse afectivamente y mantener el autocontrol. El niño que consigue decir que está enfadado o que esta cosa es suya se distancia de la urgencia del momento, reflexiona y después se expresa. Este distanciamiento frena la acción y le permite obrar de manera positiva, sin pegar o empujar. Además, muchas veces acaba por hablarse a sí mismo. Observad a un niño entusiasmado en su juego, habla, comenta lo que hace, lo que sucede sin dirigirse a nadie en concreto. Este lenguaje interior puede también influir en su comportamiento.

Esther, de 4 años, aparca su coche en el garaje de bloques que ella misma ha construido. El coche entra, después queda bloqueado. Entonces intenta sacarlo. «Bueno, vale. No quieres salir. Yo no quiero que esto se caiga, voy a tirar un poco». Los bloques se desmontan. «¡Éste coche no es bueno para el garaje. Yo quiero uno más pequeño. ¡Estupendo, ya pasa!». Todos estos comentarios le han permitido reaccionar eficazmente y sin crisis de rabia.

Hay investigadores que han demostrado que los niños que son hábiles para resolver problemas utilizan con más frecuencia el lenguaje interior. Por consiguiente, es un medio eficaz para comprender, planificar y controlarse realizando una tarea o arreglando un problema.

El papel de los padres y los educadores, en materia de apoyo y de estimulación del lenguaje, empieza desde el nacimiento. Los lactantes lloran y emiten vocales de forma no intencionada hasta los 6 meses más o menos. Sin embargo, padres especialmente atentos a los bebés tejen la relación, lo que impulsa al bebé a emitir una y otra vez esos sonidos, a mirar de nuevo a sus padres. Entre los 6 y los 18 meses, la comunicación se vuelve intencionada, el bebé trata de ponerse en relación y es capaz de coordinar su atención visual con la de otra persona. Se mira con ellos (atención conjunta). Finalmente, a partir de los 18 meses y hasta los 2 años el niño empieza a expresarse de una manera más eficaz. Poco a poco el lenguaje supera a la acción.

Entre los 3 y 4 años el niño practica el lenguaje interior. Esta práctica tiene su etapa más activa entre los 5-6 años.

Sofia, de 2 años y medio, se pelea con su hermano Antonio por un juguete. Ella grita tirando del objeto. La mamá orienta a Sofía: «Dile con palabras lo que quieres». Sofía se pone las manos en las caderas y, muy seria, mira a Antonio y le dice: «¡Palabras!». Los pequeños tienen necesidad de modelos verbales concretos que se refieran a la realidad que les frustra. «Dile a Antonio que es tuyo. Dile: "Quiero guardar mi elefante"».

Los modelos también deben adaptarse al nivel del lenguaje del niño: «Quiero. Dame. Mío. Otra vez. Enfadada. ¡Muy bien!». Son también expresiones que pueden ayudar al pequeño a hablar en lugar de obrar. El aprendizaje se hace por imitación, desde luego, pero también por la práctica. Los padres pueden poner en práctica situaciones en que el niño pida para conseguir algo o diga lo que prefiere, lo que siente. Los momentos de la vida pueden descubrirse como ricos en estimulaciones e intercambios.

ACTIVIDADES COTIDIANAS PARA ESTIMULAR EL LENGUAJE

OCASIONES	TEMAS DE DISCUSIÓN
Mirando fotografías familiares	– ¿Qué pasa en esta fiesta? – Emociones de las personas que hay en la foto. – Sentimientos del niño en esta ocasión. – Situar en el tiempo.
Contando una historia	– Hacer que escoja una historia y preguntar el motivo de su elección. – Contar la historia a su manera. – Hacer que anticipe lo que va a pasar al personaje. – Describir las emociones de los personajes. – Evaluar o no tal o cual comportamiento del personaje.
Viendo una película en TV	– ¿Qué es lo que le gusta o no de lo que está viendo? – Hacer que anticipe lo que va a suceder al personaje. – Describir los sentimientos de los personajes. – Por qué éste o el otro personaje está enfadado, triste o alegre. – En qué piensa ese personaje silencioso.
En las comidas	– El adulto cuenta un suceso del día diciendo lo que ha sentido o pensado y cómo ha arreglado la situación. – Intercambios sobre la actividad más agradable del día.
En el recreo	– Hacer observar al niño las formas empleadas por los otros para solucionar un problema o entrar en contacto. ¿Qué han dicho?
En la tarea escolar	– Hacer preguntas para llevarle a describir lo que ha hecho. – Hacerle que concrete ofreciéndole opciones.

Gracias a los intercambios en familia, el niño tiene ocasión de observar cómo hacen los mayores, de imitarles y de ser estimulado a hablar. No se trata de inundar al niño de palabras, sino más bien de poner palabras en sus juegos, en sus centros de interés y, sobre todo, en sus interacciones con los demás. Participando en las conversaciones el niño aprende a tener en cuenta al otro respetando su turno de palabra, dándose cuenta de su estado afectivo y descubriendo poco a poco el arte del compromiso y de la negociación verbal.

Proponer actividades físicas: favorecer el juego

«El niño es una bola de energía, no es ni bueno ni malo» (Antier, 2002). Pedirle a un niño que se esté quieto y sea bueno, es anular su necesidad de actividad motriz y cerrar una válvula de escape que le es necesaria. Es olvidar al niño para responder a la necesidad de tranquilidad de los adultos. Por consiguiente la educación consiste en canalizar esta energía hacia actividades o acciones aceptables.

Proponemos a continuación algunos ejemplos.

CÓMO CANALIZAR LA ACCIÓN

No aceptable	Aceptable
Tirar a su compañera del pelo.	– Ofrecer un cepillo para peinar a la muñeca.
Transporte de objetos prohibidos.	– Ayudar a transportar objetos que no sean frágiles. – Jugar a ser transportista con botes de reciclaje.
Pasearse por la casa con los zapatos caros de mamá o con los patines.	– Utilizar recipientes de papel de pañuelos como patines o botas de astronauta. – Patinar con zapatillas viejas o calcetines.
Niño menor de 18 meses que golpea a los otros con un objeto.	– Ofrecer una cacerola para golpear.
Se divierte en el lavabo.	– Permitir que juegue con agua en un barreño reservado a este fin. – Prolongar el rato del baño, para responder a sus deseos de experimentar con el agua.
Gritar en el aula.	– Hacer el rugido del león en el aula de música o psicomotricidad.

Las necesidades motoras de los niños pequeños (entre los 1 y 2 años) son muy grandes. Tienen que encontrar satisfacción en los juegos de exploración y en los juegos puramente motores, tales como trepar, correr, saltar, empujar, tirar, lanzar, etc.

En cuanto a los niños de 3-6 años, ejercen sus pequeños y sus grandes músculos en los mismos tipos de juegos, es verdad, pero también en los juegos de construcción y de «imitación», llamados también «juegos simbólicos» (jugar a las mamás, a los maestros, a los médicos, a los restaurantes, etc.). El juego favorece el que surjan y se consoliden las aptitudes sociales.

El juego al servicio de las aptitudes sociales del niño

Juegos motores

- *Naturaleza del juego*
  - Trepar, subir, dar volteretas, patinar, correr, empujar, tirar, lanzar, etc.
- *Relación con los otros*
  - Según la edad, se hace en solitario, en paralelo o en pequeños grupos.
- *Aptitudes sociales requeridas*
  - Esperar su turno.
  - Aceptar la cercanía física del otro.
  - Pedir.
  - Actuar tranquilamente en función del otro.

Juegos de construcción

- *Naturaleza del juego*
  - Reunir piezas para hacer una construcción, apilar bloques, jugar a hacer castillos de arena.
- *Relación con los demás*
  - Ofrece, muestra, pide cosas o acciones al otro.
  - Intenta reproducir.
  - Pide la ayuda del adulto.

- *Aptitudes sociales requeridas*
  - Hacer preguntas
  - Compartir
  - Aceptar la proximidad física del otro.

Juegos simbólicos

- *Naturaleza del juego*
  - Fingir que se es un animal o un personaje inventado.
  - Imitar las situaciones familiares.
  - Utilizar muñecas, figuritas u objetos que representen otros elementos necesarios para la escenificación del juego.
  - Poner narraciones en escena.
  - Planificar las secuencias de la acción.

- *Relación con los otros*
  - Atribuir roles.
  - Imitar las acciones de los adultos y de los compañeros.
  - Imitar la expresión de los personajes puestos en escena.
  - Jugar colaborando con los demás.

- *Aptitudes sociales requeridas*
  - Autoafirmación: muestra y expresa sus intenciones.
  - Hacer preguntas.
  - Esperar su turno.
  - Aceptar la proximidad del otro.
  - Aceptar las ideas de los demás y escuchar.
  - Dominio de sí.
  - Expresión de las emociones.
  - Sensibilidad hacia el otro.

Juegos de exploración

- *Naturaleza del juego*
  - Revolver, tocar, verter, observar, manipular, etc.

- *Relación con los demás*
  - Según la edad, se hace en paralelo, en solitario o en un pequeño grupo.

- *Aptitudes sociales requeridas*
  - Aceptar la proximidad de los demás.
  - Ceñirse a los objetos autorizados (autocontrol).
  - Actuar lentamente.
  - Esperar su turno.

Juegos de reglas

- *Naturaleza del juego*
  - Juegos de habilidades o de tácticas regidos por reglas.
- *Relación con los demás*
  - Actividades formándose en grupo.
- *Aptitudes sociales requeridas*
  - Escuchar.
  - Esperar su turno.
  - Aceptar la opinión del otro.
  - Aceptar perder.
  - Aceptar someterse a reglas de conducta.

Algunos juegos reducen la agresividad del niño pequeño facilitando el paso de los gestos agresivos a su expresión simbólica. Este paso se ve favorecido por los juegos de lucha, donde los protagonistas se persiguen, se empujan y se amontonan, y por los juegos de guerra. No solamente los caballeros en persecución del dragón o los luchadores gastan su energía y reducen su estrés y su ansiedad, sino que aprenden cada vez más a compartir la diversión, les hace moderar sus impulsos motores, evitando así las heridas y el abandono del compañero de juego.

Las luchas, el cuerpo a cuerpo o el juego con dinosaurios amenazadores forman parte del proceso de simbolización. Aunque estos comportamientos parecen a veces contener un elemento de agresividad, es importante no confundirlos con una conducta agresiva. El juego bélico ofrece al niño la posibilidad de expresar emociones fuertes, practicar su autodominio, modulando y refrenando sus gestos, pactando los roles.

En la imaginación del niño, el juego bélico toma forma en la «simulación». Los que participan en él, gritan, corren, fingen cólera, se empujan a veces, pero el placer está en el estar reunidos. En cambio las conductas agresivas se sobreentienden mediante sentimientos reales: frustración o cólera. En el ardor de la acción, a veces las batallas degeneran; los niños se excitan y tienen dificultad para frenar sus impulsos motores. El adulto entonces debe parar el juego haciendo tomar conciencia a los niños de que cuando se hace daño el juego no es divertido. Cuando se hace daño de verdad, no se está fingiendo.

Ésta es una buena ocasión para modular la agresividad, controlar la acción. De este modo, se propondrá a los caballeros demasiado excitados desterrar del reino al dragón, practicar la esgrima delante de la pared sin tocarla. Y a continuación se les invitará a reemprender el juego controlando mejor su espada.

Sorprendentemente, el hecho de prohibir el juego combativo puede fomentarlo. El hecho de jugar con el niño le ayuda a volver a ordenar su juego, a expresar sus sentimientos de forma simbólica y a desarrollar así su capacidad de dominar sus conductas agresivas.

Si aceptáis los juegos bélicos y los juegos de lucha, o de héroes, o participáis en ellos, reconocéis la necesidad de los niños de controlar su mundo. Entonces podéis proponer soluciones sustitutivas, enseñarles a controlarse, enriquecer su juego creativo y actuar, si llega el caso, como mediadores. Poned entonces a su disposición el material y en un lugar que favorezca la libertad del juego y su seguridad.

También debéis tomar conciencia de vuestras propias inquietudes, de vuestras resistencias para con el juego enérgico de los niños y, sobre todo, situar esos actos infantiles en el contexto del desarrollo del niño. El niño no es consciente de la triste realidad de los conflictos armados entre adultos. Vive intensamente en lo profundo de su mundo interior y fantástico.

Entrad alguna vez en el juego. No solamente ayudaréis al pequeño a mantener la atención, a canalizar su energía, y a compartir sus emociones con vosotros, sino que además tendréis el gusto de de cuidar una relación y mantener esa cercanía descubriendo su mundo.

4. Cuando los niños «muerden»

Comprender e interpretar el gesto de «morder»

Antonio ríe, se agita sobre el cambiador. Mamá le besa en el vientre y en la nariz, pega su boca a su tripa y sopla. «¡Mmm, qué bien hueles, te adoro, te comería, gordo, conejito mío!». Antonio emprende su mañana de descubridor. Prosigue con sus exploraciones bucales. Aquí hay una muñeca blanda, y un bebé duro y sin pelo. Rechaza a la muñeca, el sabor de su pelo le repele. En su camino encuentra al otro bebé, pero cuando le muerde, grita. ¡Vaya! Mamá está furiosa: «¡No, no, no se muerde al bebé, que le haces daño!».

El bebé entra en contacto con el mundo que le rodea a través de la boca. La relación con la madre se establece cuando mama, por el contacto de la leche caliente en la boca y la suavidad del pecho entre los labios. Desde que gatea, explora metiéndose en su boca todo lo que descubre en su camino. Chupa, come, muerde, escupe el objeto de su exploración. Esta fase, llamada oral, puede prolongarse hasta los 18 meses. La boca permite al niño descubrir lo que le gusta o no, y constituye su modo de expresión antes de la aparición del lenguaje.

El mordisco de los niños pequeños tiene a veces el carácter de un gesto torpe de exploración. Por ejemplo, si explora los sabores de la mejilla o del brazo del bebé que está a su lado, descubre que esta degustación provoca una reacción sonora.

El pequeño de 18 meses es el que utiliza ingenuamente su boca, lugar central de un placer renovado mediante la llegada de nuevos alimentos sólidos y sabrosos. Además, ¿no se le invita a masticar las novedades culinarias, a chupar su tetina, a besar a su abuela? El niño observa cómo los mayores que se aprecian mucho se sirven de su boca para dar besos.

El bebé cuenta con la «masticación exploratoria» que le permite clasificar lo que muerde (permitidos para degustar: comer, chupar o aliviarse las encías) y los «mordiscos prohibidos». Así es, porque después de algunas observaciones, «ese pequeño cocodrilo» se da cuenta de que un mordisco dado a una persona, pequeña o grande, provoca el enfado y la reprimenda por parte de los mayores.

Hacia los 18 meses es la edad en que más muerde. El niño tiene entonces cuatro nuevos dientes, los caninos, sin contar con incisivos y premolares, ya funcionando. Sus capacidades locomotrices le permiten desplazarse eficazmente y entregarse a experiencias múltiples.

El brote de los dientes puede explicar también que muerda con tanta frecuencia. Los veinte dientes aparecen entre el octavo mes y los 3 años. El brote de los primeros dientes es doloroso. El diente agujerea y corta la encía. El niño babea; hace movimientos con la mandíbula para frotar sus encías y trata de mordisquear para aliviarse. El tratamiento consiste simplemente en proporcionar «al pequeño cocodrilo» juguetes concebidos con ese fin o dejarle masticar alimentos duros. Hay que decirle que puede morder esos objetos para hacer bien a sus dientes.

El mordisco es a veces la expresión de un amor feroz. Los pequeños observan a los adultos que se besan amorosamente o se dicen: «te quiero mucho, te comería». Ellos integran esta imagen y expresan su afecto con los dientes. Todavía no tienen suficiente control de sí mismos como para poder expresar la alegría, la excitación o el amor con un beso de ternura. El adulto debe ayudar al niño traduciendo el sentido de su gesto: «Quieres decir a tu amigo que lo quieres y que estás contento, pero cuando hablas con los dientes a él no le gusta. Tus dientes le hacen daño. Puedes decirle "te quiero", dándole un besito muy suave o haciéndole una caricia, un abracito. A ver qué bien lo sabes hacer». El adulto invita al niño a que lo haga y lo felicita. El niño practica el acercamiento suave con el adulto varias veces y, en seguida, puede darle a entender a su amigo su afecto de la forma más tierna.

Los niños menores de 3 años desconocen su fuerza. Les es difícil evaluar la naturaleza de sus acciones. ¿Se trata de un abrazo o de un mordisco, de una expresión brusca de cariño o de un golpe, de rozar a alguien o de empujarle? El niño que muerde o que empuja actúa sólo bajo el efecto de una pulsión e ignora el alcance de sus actos. Por lo tanto, necesita a un adulto para tomar conciencia del efecto de su mordisco y para aprender a expresar su cólera de una manera aceptable.

En este proceso de socialización, se inicia una etapa importante hacia la edad de 2 años, paralelamente a la aparición del deseo de afirmación y de autonomía. Los contactos sociales producen placer, pero también contrariedades. Las fuentes de frustración son múltiples: conflictos por la posesión de una cosa o luchas de poder para conseguir un juguete, un primer puesto o la atención del adulto. Los intentos infructuosos del niño para oponerse a la voluntad del adulto también producen tensión. Entonces él puede expresar su disgusto empujando, pegando o mordiendo.

Algunos niños introvertidos y creativos necesitan aislarse, jugar ellos solos. Se les debe ofrecer un lugar donde no tengan que sufrir las intromisiones de los demás. Tienen, ante todo que aprender a reconocer y expresar su necesidad de jugar solos. El adulto tiene que observar los signos de exasperación del niño y describírselos. Algunos niños le vuelven la espalda a otro que se acerca a ellos. Otros se esconden debajo de la mesa o en un rincón. Otros incluso se agitan para expresar su necesidad de estar solos. Empujan o muerden al intruso. Cuanto más reconozcan estos signos más capaces serán de poner nombre a su necesidad y evitar que se les castigue por haber mordido o dado un empujón a un niño.

La proximidad física puede también desencadenar un ataque del «cocodrilo». Guillermo, de 3 años, traza carreteras en el cuadrado de arena. Tiene en función la hormigonera y el arado. Durante toda la jornada en la escuela infantil ha tenido que compartir sus juguetes, esperar y soportar a los otros niños que invadían su territorio de juego. Por fin puede sustraerse a este ambiente social tan exigente y dedicarse a sus proyectos personales. Se da cuenta de que su hermanita, de 14 meses, viene balanceándose hacia su terreno. Él grita: «¡No, vete!» ella continúa, pasa por los surcos y se sienta en un camión. Guillermo grita, le empuja y acaba por morder el brazo de la pequeña.

Los mordiscos pueden expresar también las tensiones que vive el niño. Las causas del estrés son múltiples: el nacimiento de una hermanita o de un hermanito, la adaptación a la escuela infantil, los traslados, la marcha del padre o de la madre por un viaje de trabajo, la hospitalización de un familiar, la muerte de una persona cercana o las tensiones conyugales. El niño de 4 años puede reaccionar con comportamientos regresivos, volviendo a un modo de expresión más primitivo: el mordisco. Hay que designar mediante palabras el malestar o la inquietud del niño. Se sentirá comprendido y apoyado en este periodo difícil y entenderá las palabras que hay que decir para expresar su pena o su rabia.

Rosa mira tristemente a su mamá que la deja en el cole. Su educadora se inclina para hablarla, la toma en brazos y la consuela. ¡Entonces, Rosa la muerde en el hombro! Rosa está reaccionando a la ruptura, que para ella es cruel. No quiere a la profesora, no quiere jugar con los otros, quiere a su mamá. En este caso hay que considerar también la mordedura bajo la perspectiva de la inseguridad.

¿Cómo reaccionar?

Las marcas de mordeduras provocan incomodos enfrentamientos. Los padres del que ha sido mordido están disgustados, los del mordedor se sienten impotentes. Algunos adultos reaccionan mordiendo a su vez para demostrar lo que duele. El niño comprende entonces que el adulto es más fuerte que él, y que está prohibido cuando se es pequeño, pero permitido cuando se es grande y fuerte. Además muchas veces es inútil preguntar al niño por qué ha mordido: o no lo sabe o todavía no puede expresarlo.

Morder un limón o una cebolla es también una práctica que hay que evitar. ¡Comer es un placer de la vida! Algunos incluso utilizan el chupete todo el día para evitar las mordeduras. El chupete sirve entonces de bozal; acalla la necesidad o el sentimiento del niño. En este caso no se está tratando de aliviar las encías doloridas, sino más bien de atajar un comportamiento, sin tratar de comprenderlo. Proponer al niño que ha sido mordido que se defienda mordiendo a su agresor es también una aberración. Es muy probable que el que ha sido mordido no desee emplear este medio de comunicación. Por lo tanto, no hay que incitarlo a ello.

Para terminar con los indeseados mordiscos el adulto debe expresar clara y rápidamente al niño la prohibición. Es algo esencial. «Eso hace daño, no quiero que muerdas. Mira lo que le ha pasado a mi brazo y mírame a los ojos, estoy enfadada. No permito que hagas daño con los dientes». El pequeño descubre que morder a mamá perjudica la relación o que morder a su hermano es también una operación arriesgada.

Sin embargo, no basta con prohibir firmemente. El niño comprende que el adulto desaprueba su acto, pero no sabe cómo canalizar esta energía. El adulto debe descifrar lo que ha provocado la frustración, la rabia o la excitación y ayudar al niño a expresar sus sentimientos. «Yo comprendo que ahora es difícil, tú no puedes encontrar las palabras para decirlo... pero vamos a encontrarlas juntos». Eso puede parecerse a esto: «A mí», «quiero», «enfadada», «da», «empuja» o, sencillamente, «no». Animadle y felicitadle cuando consiga expresarse verbalmente.

Hacia los 3 años se puede pedir al «pequeño cocodrilo» que subsane su acción, es decir, que cure la herida de la víctima, si ésta lo permite. Es poco probable que el mordido acepte el beso de reconciliación, ya que ve que esa boca peligrosa se acerca otra vez. Aplicar un pequeño paño húmedo algunos minutos bastará para hacer comprender al mordedor que cualquier acción tiene sus consecuencias. El cuidado debe durar justamente el tiempo suficiente para aburrir al cuidador que tiene que estarse quieto, y evitar que el enfermero le tome gusto a este nuevo juego.

Otra trampa en relación con el ejercicio de la reparación consiste en alabar tanto al cuidador que se muestra dulce y centrado, que acabe por recurrir al mordisco para obtener las caricias y las palabras de aliento que siguen a la acción reparadora. Una breve retroacción es suficiente. Toda esta reparación es posible en la medida en que «el cocodrilo» está dispuesto a escuchar y puede dominar sus gestos porque se ha calmado.

Aunque estos comportamientos sean normales y temporales, a veces provocan tensiones entre los padres del mordedor y del mordido.

Simone Scoatarin (2003) ha estudiado el fenómeno de la mordedura y ha constatado que «la terminología empleada, de tipo criminal, agresor, víctima, culpable, denunciar, evoca más un tribunal de justicia que un ambiente educativo».

Efectivamente, frente a un mordisco los adultos están desamparados, puesto que ese suceso se presenta a menudo como extraordinario. Los padres del «mordedor» se sienten culpables y se inquietan por esta acción violenta. Sin quitar importancia al dolor ocasionado por el mordisco, hay que poner la situación en su contexto. Los niños aprenden las reglas sociales. El uno muerde, el otro grita, empuja o tira, pero todos acabarán por aprender a expresarse verbalmente y a refrenar sus pulsiones.

5. Cuando los niños pegan, empujan, pellizcan...

¿Por qué pega?

Mateo juega con Jonathan, su amigo, y los dos hacen rodar sus cochecitos sobre la alfombra. Jonathan toma el camión de bomberos y se divierte junto a Mateo. Éste quiere el camión y lo agarra. Jonathan grita: «¡No! ¡Es mío!». Mateo sujeta el camión y sigue tirando de él. Finalmente lo consigue y Jonathan intenta recuperarlo. Mateo entonces le da un golpe para rechazarlo.

Samuel mira a Julia, su profesora, y se asegura de que ella le ve bien. Empuja a Edurne sin razón aparente. Julia acude. Samuel la espera sonriendo. Sabe perfectamente que su trastada le va a costar una reprimenda y un sermón. ¡Atención garantizada!

Oliver se esfuerza en colocar las piezas del rompecabezas en el lugar correspondiente. Tropieza con dificultades, se exaspera y lo tira todo al suelo con un manotazo.

Elisabeth, de 4 años, pasea a su bebé «Lulú». Pasa por encima de los cuadernos de su hermano mayor que están por el suelo, con su cochecito; le quita el chupete al recién nacido y empuja a mamá que intenta hacerle razonar. Estos incidentes se multiplican desde que se marchó su padre por un viaje de negocios.

En estas cuatro escenas, los niños utilizan la fuerza. Los niños tienen más recursos para la agresión física que las niñas. Evidentemente es la frustración lo que impulsa al niño a obrar así, pero numerosas situaciones pueden motivar que el pequeño reaccione físicamente. La fatiga, las tensiones familiares, la violencia familiar o conyugal, la inseguridad, son todas ellas situaciones que pueden impulsar al niño a expresarse violentamente. Una de las mayores fuentes de frustración del niño, es interrumpir la relación.

Elizabeth está enojada con su padre, se siente incomprendida. Está furiosa. ¿Cómo ha podido dejarla su papá en casa? ¿Es que no me quiere bastante, a mí su «chica que más quiere, la más guapa del mundo»?, se dice ella.

Los autores Barbara Kaiser y Judy Sklar Rasminsky (1999) proponen analizar las conductas difíciles intentando descubrir en función de qué se ejecutan. Es importante comprender bien las razones que impulsan al niño a utilizar la fuerza física. Así es como podemos ayudarle a desarrollar otras formas aceptables de responder a su necesidad o a expresar lo que siente.

Si el niño intenta tener un juguete, atención o un sitio preferente, empujando (por ejemplo, si quiere estar cerca de un familiar o ser el primero de entre otros niños), y él consigue salirse con la suya, seguramente volverá a emplear esta táctica. Vamos a tomar la escena poniendo como protagonistas a Mateo y a Jonathan. Si la acción de Mateo pasa desapercibida y queda sin consecuencias él le pegará otra vez para conseguir lo que desea.

En cuanto a Samuel, utilizará esta estratagema hasta que no necesite la travesura para ser reconocido o aceptado en la escuela.

Aunque la necesidad de atención de Samuel sea legítima, ante todo es esencial tratar de prestar atención a Edurne, inmediatamente después del hecho. Consolando al niño que se ha visto afectado por el acto agresivo, permitimos que los dos niños se tranquilicen, puesto que descubren que suceda lo que suceda, estamos ahí para protegerlos.

A continuación debemos expresar clara y brevemente vuestro desacuerdo: «Nunca te voy a consentir que hagas daño a nadie. Mira a Edurne, está llorando, se ha caído. Le duele». Evitemos los sermones que prolongan la conversación y que indican al niño que sus actos de agresión le procuran vuestra atención. Samuel tiene que aprender que existen formas positivas de atraer nuestra mirada, aunque no le demos tantas explicaciones: «Yo creo que empujas porque quieres que venga a reñirte, que te hable. Ése no es el mejor medio. Yo me ocupo sobre todo del que tiene dolor. A partir de ahora, voy a mirar lo que haces bien y te voy a felicitar».

Se debe prestar atención cuando el niño se comporta bien. Los gestos de ternura, las risas compartidas con el niño y vuestras felicitaciones llenarán su necesidad de ser valorado.

Ante los comportamientos suscitados por la necesidad de atención, algunos participantes ignoran intencional y sistemáticamente al niño. Sin embargo, con su acción, el niño expresa una necesidad a la que es preciso responder. Si ignoráis los hechos reprensibles, el niño quizá detenga el comportamiento ignorado, pero continuará cometiendo actos perturbadores para sentirse reconocido.

Por lo tanto, la clave del éxito es la atención selectiva y, especialmente, la relación efectiva. Aun cuando su gesto no merezca atención positiva, el niño tiene que sentir siempre que es querido.

La segunda función de los comportamientos agresivos consiste en producir una conducta con el fin de evitar una tarea enojosa o difícil, o incluso contactos desagradables. La situación de Oliver con su rompecabezas explica esta función. Oliver necesita desarrollar un sentimiento de éxito para afrontar las necesidades inherentes a este tipo de actividad. Otro ejemplo, Benito evita poner orden tirando los juguetes cuando su mamá emite la orden. Entonces ella le manda a reflexionar a su habitación a fin de limitar los estropicios y Benito sale bien parado.

Por último los autores antes citados reconocen un tercer motivo: la necesidad del niño de cambiar el nivel de estímulos de su ambiente. Demasiados ruidos, demasiada fatiga, demasiada proximidad o la falta de espacio pueden suscitar reacciones en el pequeño que experimenta dificultad para adaptarse a todos esos estímulos. Un niño que se aburre trata de hacer su entorno más estimulante agitándose, perturbando la actividad. El niño experimenta dificultad para anticipar la satisfacción que la nueva situación le va a aportar. Siente una tensión que intenta rebajar tocando, lanzando algo o agitándose. Por lo que hay que favorecer el desarrollo del sentimiento de seguridad en la vida diaria y durante las salidas.

También hay que mantener las consignas con las que el niño está familiarizado. Es bueno mostrarse constante en las expectativas, invocar la memoria de las reglas y felicitar a los niños preparándoles para lo que van a encontrar, ayudándoles a anticipar (fotografías, libros, historias). Recurrir a un objeto que les tranquilice (perrito, peluche) puede ser eficaz. El niño siente entonces que se reconoce su ansiedad.

El cuadro 4 presenta los principales desencadenantes de comportamientos de agresividad física (pellizcar, empujar, pegar, tirar cosas) observados en las interacciones entre niños de edad preescolar y las necesidades en las que se basan. Más adelante,en el capítulo 12, ofrecemos sugerencias de actividades y tácticas educativas susceptibles de estimular en la vida diaria el aprendizaje de estas habilidades.

DESENCADENANTES OBSERVADOS EN LAS INTERACCIONES ENTRE NIÑOS

DESENCADENANTES	NECESIDADES
• Disputa para obtener un objeto (conflicto de posesión).	– Necesidad de aprender a compartir. – Necesidad de aprender a pedir para obtener algo.
• Esperar su turno.	– Necesidad de aprender a tolerar la espera. – Necesidad de aprender a comprender la noción de plazo.
• Confrontarse con el «no» del adulto.	– Necesidad de aprender a tolerar las frustaciones. – Necesidad de límites. – Necesidad de afirmarse.
• Conflicto por el territorio.	– Necesidad de aprender a tolerar la proximidad. – Necesidad de aprencer a afirmar su deseo de aislarse.
• Atención del adulto concedida a un igual.	– Necesidad de aprender a compartir la presencia del adulto.
• Dificultad para realizar una tarea.	– Necesidad de vivir de éxitos. – Necesidad de aprender a aceptar que se cometen errores. – Necesidad de desarrollar un sentimiento de triunfo gracias a sus éxitos.

Los conflictos por la posesión: principal fuente de altercados

Siendo la posesividad y el egocentrismo dos características de la primera infancia, los conflictos de posesión son la fuente principal de golpes y lesiones entre niños. La historia de Mateo y de Jonathan es un ejemplo de ello.

Se estima que «la mayor parte de los contactos observados en los pequeños gravitan alrededor de objetos, asimismo la utilización de estos objetos u objetos similares representa un modo privilegiado de comunicación en los niños de 2 años. Por ello, no hay que sorprenderse de ver al menor de 2 años aferrar el juguete de su hermano mayor, aunque no sepa cómo utilizarlo. Conseguir un juguete de mayores es como hacerse un poco mayor también.

A pesar de que alrededor del año los pequeños comparten ya sus objetos, ofreciéndolos o dejándolos en la mano de otro, les es difícil captar el sentido de la co-participación. El niño comprende la palabra «compartir» como si se tratase de una donación, es decir, piensa que no va a recuperar su juguete. Él tiene que aprender lo que significa esperar, es decir, la alternancia de los turnos para actuar. «Primero es él el que juega con el camión, después será tuyo». Hay que tranquilizar al niño quedándose junto a él hasta que vuelva a tomar posesión del objeto. Los juegos de construcción, de médicos, de llamar por teléfono o de muñecas que se desarrollan turnándose, ayudan al niño a adquirir ese concepto de alternancia de turnos. Al principio de este aprendizaje, es necesario estar cerca del niño. Poco a poco éste tiene más paciencia para esperar y comprende que llegará su turno.

Por otra parte los niños de 3-4 años se muestran más dispuestos a prestar lo que tienen; desean mantener lazos positivos con sus compañeros de juego. A los 2 años los juegos se hacen en paralelo de dos en dos y la noción de propiedad se limita a una regla muy simple, la anterioridad. «¡Si yo lo tenía en mis manos antes que tú, es que me pertenece!». El objeto se convierte en la prolongación de sí mismo. El «mío» significa «es mío». No dudéis en aprovechar estos momentos que compartís entre vosotros para decir lo que pasa y ayudarle a concretar mejor la noción de propiedad. «Yo quiero prestarte mi lápiz. Sé que me lo devolverás y seguirá siendo mi lápiz. Te toca a ti dibujar, después yo utilizaré mi lápiz en mi turno».

Estableced reglas claras. Regla número 1: el objeto que tienen un amigo o su hermana no está disponible. Si lo dejan, se puede jugar con él. Regla número 2: se puede pedir un juguete.

Enseñad al niño cómo se hace la petición. Acompañadle, haced la petición con él. Os observará y a continuación repetirá vuestro ejemplo. Seguidamente lo pondrá en práctica con otro niño, ayudándole con un modelo concreto. «Díle: "¿Quieres prestarme tu juguete, por favor?"». Felicitad al niño que consigue expresar una petición, mostrándoos compresivos con él cuando tiene que soportar una negativa. «Estás decepcionado. Has hecho bien la petición, pero tu compañero no está preparado ahora para dejarte su juguete».

La práctica de la alternancia es más difícil para los pequeños, puesto que esperar supone comprender que hay «antes y después». Entonces puede ser eficaz desviar su atención hacia otro juego si los niños se impacientan.

Por el contrario, con los niños de 2 años es posible enseñar el método pacífico del trueque para regular un conflicto de posesión. Cuando el niño desea el juguete de otro, ponedle en la mano otro que pueda interesar al niño que se ha apoderado del juguete codiciado. Invitad al niño a dar el juguete al otro en su mano. A continuación, podéis presentar dos juguetes al niño y preguntarle cuál gustará al otro niño. Finalmente, se pide al niño que escoja un objeto que pueda gustar al otro, para practicar el trueque.

No es necesario compartir objetos que estén especialmente cargados de amor o de recuerdos. Se reservan para el uso exclusivo del niño (peluche, objetos favoritos, un regalo, la mascota). La prestación del objeto reviste en ese caso un significado importante.

Actuar mejor que reaccionar

El clima en el que evoluciona el niño influye en su comportamiento. Conociendo ese clima o ambiente es posible poner en práctica condiciones preventivas que limitarán el recurso del niño a la agresión física.

Samuel, año y medio, y Patricio, tres años, viven con sus padres en el primer piso de un apartamento de la ciudad. No tienen acceso al patio exterior y los padres tienen que restringir las carreras y los gritos de los niños por respeto a los ocupantes de la planta baja. Tienen cada vez más dificultades con sus hijos. Esta tarde, por ejemplo, han tenido que intervenir varias veces en el salón, porque Samuel tiraba las piezas del juego de su hermano que ha terminado por responder, pegándole. La madre de los niños, exasperada por las frecuentes disputas con este juego, ha terminado por no dejarles jugar. Las reacciones de los niños se suceden, gritos y pataleos, por parte del pequeño, e insultos y patadas contra la pared, por parte del mayor.

Al ir creciendo los niños acaban compartiendo los mismos intereses de juego. Aunque se pueden seguir aplicando tácticas de trueque o de alternancia, a veces es oportuno tener por duplicado el juguete más codiciado, sobre todo si los conflictos se multiplican por la obtención de ese objeto y los niños son demasiado pequeños todavía para comprender y practicar la alternancia. Además podríamos preguntarnos si Samuel y Patricio pueden satisfacer sus necesidades motoras. Samuel debería tener ocasión de lanzar, por ejemplo, pelotas de papel de seda («tempestad de nieve» en el apartamento) o una pelota en el parque. En cuanto a Patricio, a él le vendría bien quizá una iniciación al balompié y jugar en el exterior al tigre que ruge. No se trata de ignorar los comportamientos revoltosos, sino de canalizar la energía desbordante de los niños que controlan cada vez más movimientos. En cuanto al hijo único, hay que avisarle cuando otro niño está invitado a unirse a sus juegos en casa. Podrá guardar su juguete preferido y decidir el lugar para compartir los juegos. ¡Dad confianza a vuestro hijo! Con la maduración y el desarrollo de sus aptitudes sociales, será más generoso.

Algunos autores proponen incitar al niño que acostumbra a pegar a otros a que dé puñetazos en un cojín. Hay que ser conscientes de que este método tiene ciertas ventajas al permitirle un desahogo motor, pero no encauza al niño en un proceso de aprendizaje de métodos pacíficos de resolución de conflictos.

Se trata de agresiones fuera de lugar y no de socialización de la agresión. Además los estudios han demostrado que los sujetos a quienes se les había explicado que golpeando sobre objetos, como un balón de boxeo, se podía exteriorizar eficazmente su cólera, se han mostrado después más violentos hacia sus rivales. Este método para desahogarse no es adecuado, puesto que no enseña al niño a expresar lo que siente ni a frenar sus impulsos agresivos.

En cuanto al método consistente en confiscar el juguete, se queda en una solución temporal, pero acarrea con mayor frecuencia la tempestad que la calma. La devolución del objeto debe ir acompañada de una negociación con los mayores o de reglas claras que permitan su uso conjunto o compartido.

Proponemos poner en marcha esta «regla de 3»:

1. Dar la consigna una vez (por ejemplo, «Te pido que te calmes y que dejes de gritar»).
2. Repetir la consigna por segunda vez («Te lo pido por segunda vez, deja de gritar aquí conmigo. La próxima vez que tenga que advertirte vas a ir a calmarte tú solo a la silla»).
3. Ser consecuente con lo que se ha anunciado («Es la tercera vez que te pido que dejes de gritar, así que vas a sentarte».), y si se calma, felicitarle.

Es esencial que los niños sepan que está prohibido emplear la violencia contra nadie. «No puedo dejarte que pegues. Ya sé que estás enfadado, pero nunca consentiré que hagas daño a los demás».

Marian Marion (1995) destaca la importancia de estimular el pensamiento causal y la sensibilidad hacia el otro en el niño. Es preciso que el niño aprenda que el daño, la pena o la rabia del otro es la consecuencia de su gesto. «¡Julia, no, pegar no! Mira, Judith se va y llora. Tiene el brazo rojo». Es inútil y poco ético preguntar al niño «Julia, ¿a ti te gustaría que yo te pegara?» o «¿Te gustaría que Julia viniera a pegarte?». Por una parte se le está sugiriendo que se podría recurrir a los golpes para hacerle razonar o que se está induciendo al otro niño a que lo haga. El mensaje sería incoherente. Por otra parte a los niños pequeños les cuesta mucho imaginar lo que siente el otro o lo que podría sentir. Viven el momento presente y, para ellos, el condicional no es accesible todavía, lo será progresivamente. Es la repetición de estos mensajes (ella está triste, eso hace daño) lo que permite al niño comprender el impacto de sus acciones y poner atención en lo que el otro siente.

Uno de los grandes agentes de socialización es la televisión. Un estudio anglosajón se ha dedicado a este tema durante veinte años y ha puesto en relación el consumo televisivo y el historial jurídico de cientos de individuos. Todos demuestran que existe conexión entre ver imágenes violentas en la televisión y los comportamientos agresivos en los niños.

Las cifras confirman el consumo excesivo de violencia de los jóvenes telespectadores. La Academia americana de Psiquiatría del niño y del adolescente calcula que los niños ven un promedio de 45 actos de violencia al día, y se sabe con certeza que la mayoría de los programas para niños contienen escenas de violencia.

Mario, de 3 años, está jugando con un camión. Cuando uno de sus amigos, Simón, quiere apropiarse de su juguete, Mario avanza hacia él profiriendo esta amenaza: «Vete. Voy a buscar un cuchillo, te voy a abrir la barriga, te haré un buen agujero y te va a salir sangre».

Mario ve películas para mayores. Esta violencia afecta a los niños de modo diferente. Algunos perciben el mundo como un lugar amenazador y se vuelven temerosos y desconfiados. Si el mundo es tan peligroso, es mejor ser duro. Algunos grupos de individuos son víctimas en la televisión: hombres y mujeres de color, jóvenes y mayores y, sobre todo, las mujeres. La televisión presenta un mundo en donde, naturalmente, se pertenece a los fuertes o a los débiles.

Algunos se vuelven insensibles al sufrimiento de los demás, porque el hecho de verlos a menudo quita importancia a los gestos agresivos. Además raramente se ven las consecuencias de los actos violentos. En los dibujos animados la violencia va unida al humor y se vive sin consecuencias para la víctima. Los niños confrontados a una visión errónea del mundo acaban por trivializar la violencia. La violencia no es divertida ni limpia ni aséptica ni indolora.

Por último, algunos niños manifiestan más comportamientos agresivos y, como Mario, repiten las escenas de violencia que han visto en la televisión. Apoyándose en lo que han percibido consideran las peleas y los golpes como medios eficaces de solucionar los conflictos o de obtener lo que les apetece. Normalmente sus padres condenan esos actos brutales; estos niños se encuentran entonces ante un dilema: sus padres rechazan la violencia, pero la televisión la permite y hasta incluso la promociona. Es una incoherencia que puede explicar que algunos niños y algunos adolescentes sean violentos fuera de la familia y casi nunca dentro de casa.

Si la violencia en la televisión afecta a todos los niños, los que la ven solos, los que están ante ella varias horas al día y, más concretamente, aquellos cuyos padres no ejercen ningún control sobre el contenido visual están más influenciados por esta violencia. El riesgo de ser violentos para estos niños aumenta, especialmente entre los que sufren la violencia familiar o desórdenes afectivos.

Dumas destaca también el efecto de estimulación que la televisión puede producir. «Las imágenes y las escenas violentas tienen un efecto estimulante; incitan al niño a que le guste lo que es violento y a buscar deliberadamente programas que satisfacen su apetito en ese terreno».

Ofrecemos algunos consejos para ayudar, especialmente a los padres, y también a los educadores, a utilizar la televisión de manera juiciosa:

- *Aprobad las buenas decisiones de vuestro hijo.* Cuando juega afuera, dibuja o hace construcciones con bloques, valorad sus impulsos creativos, sus iniciativas. Vuestros estímulos le incitarán a llenar su tiempo de forma constructiva.
- *Hablad con él de lo que vosotros entendéis por violencia,* de lo que le impresiona o le da miedo, de lo que le gusta, de lo que ha comprendido. Explicadle por qué es bueno lo que hace tal o cual personaje, por qué preferís un héroe a otro.
- *Planificad actividades en familia.* Las salidas al parque, los rompecabezas, las visitas a la biblioteca o a casa de unos amigos son ocasiones de actividades juntos. El hecho de ver una emisión escogida en familia se convierte entonces en una actividad entre otras, lo que disminuye su importancia.

- *Ved la televisión con vuestro hijo.* La televisión no debe desempeñar el papel de canguro. Evitad poner un televisor en la habitación de los niños y en el comedor, porque esto perjudica la comunicación entre los miembros de la familia.
- *Grabad las emisiones que consideráis educativas* para crear una biblioteca de los mejores programas para jóvenes. Esto os dará tranquilidad, porque sabéis que su contenido está exento de violencia o de lenguaje grosero y podréis ponérselas al niño, al que le encantan las repeticiones.
- *Describid los miedos, las emociones y los centros de interés del niño* mientras que ve el programa: «Pareces contento de que "Caillou" haya encontrado su camino. Asustaba un poco verle dar vueltas buscando su casa, ¿no?».
- *Distinguid la realidad de la ficción.* Podéis decir a vuestro hijo: «Es un fantasma. Lo está fingiendo. ¿Existe de verdad o es para hacer reír?». Como el pequeño de edad preescolar se sumerge en lo imaginario, el mundo mágico de la pequeña pantalla puede a veces obsesionarle. Ayudadle también a hacer la distinción entre las escenas que forman parte de la emisión y los mensajes publicitarios.
- *Controlad las horas de audiencia,* limitando ese periodo a una hora y media diarias. Controlad los programas. Según el caso, prohibid los programas dirigidos a los adultos y explicadle por qué se le dejan ver algunos: «Hoy es especial. Vamos a ver la tele a las 8 de la noche porque es un espectáculo para niños».
- *Animad al niño para que participe.* Invitadle a cantar, a aplaudir, a bailar al son de la música o a localizar algo: un animal, un niño, un alimento rico, alguien que hace algo prohibido o alguien que le divierte... Comentad con él sobre lo que hace tal o cual personaje violento y encontrad juntos soluciones alternativas pacíficas.

Reaccionar a los comportamientos de agresividad física

Es verdad que establecer las tácticas que hemos mencionado no podrá eliminar todos los altercados. Entonces, ¿cuáles son las actitudes educativas eficaces para oponerse a los actos de agresividad física?

La primera consiste, evidentemente, en detener el comportamiento violento interponiéndose entre los beligerantes y dispensando nuestra atención, ante todo, a la víctima. Entonces hay que expresar la prohibición clara, breve y firmemente. «Párate ya o tendré que pararte yo». Si el niño persiste en pegar, lo apretamos en nuestros brazos. Este estrechamiento firme y expresivo permite detener la acción violenta, tranquilizando al niño. El adulto tiene que estar sereno y utilizar esta intervención solamente cuando la seguridad está amenazada.

El adulto acoge la pena de la víctima, la describe. Si el niño es capaz de expresarse se le invita y se le acompaña para que le diga al agresor lo que siente. En caso de que rehúse no se insiste; la víctima debe sentirse comprendida y protegida. A fin de proporcionar al agresor otros medios de proceder, se delibera con la víctima sobre lo que hubiera podido gustarle. «A ti te habría gustado que él te pidiera el juguete o que esperara a que terminaras o que te dijera...». Si se siguen repitiendo los ataques, se describe la dificultad actual del agresor. Se le propone que juegue él solo y se le ofrece la ocasión de volver al juego en grupo cuando esté dispuesto. En efecto, cuando el comportamiento se vuelve inaceptable, se le pide al niño que se retire. Separarse permite al niño apartarse de su frustración, favorece el sentido de responsabilidad puesto que está viviendo las consecuencias de su acción y le permite, así como al adulto, calmarse (Webster-Stratton, 2001). Si el adulto permanece sereno y evita la trampa de la confrontación, el dejar al niño aparte ofrece también un medio pacífico para resolver conflictos. Sin embargo, este medio debe tener también en cuenta la atención positiva; porque un empleo abusivo del aislamiento quita al niño la ocasión de practicar su capacidad para resolver pacíficamente el conflicto. Un niño al que se obliga demasiado a excluirse del grupo después de sus fechorías acaba por desarrollar una imagen negativa de sí mismo.

El buen uso del aislamiento supone fijar uno o dos comportamientos susceptibles de merecer esta breve exclusión. Se pactan estos comportamientos durante un mes aproximadamente. La perseverancia es esencial, aun cuando las primeras veces provoquen frecuentemente el recrudecimiento y la multiplicación de los comportamientos indómitos. El niño tantea. Se le pide que se retire a un lugar poco interesante, a una silla, a una escalera, a una habitación alejada. Debe hacer esta pausa durante algunos minutos (tres minutos para un niño de tres años y cuatro minutos para un niño de cuatro). Carolyn Webster-Stratton recomienda que el niño mantenga dos minutos de calma antes de que el aislamiento finalice, conviniendo en que un aislamiento de más de cinco minutos no resulta eficaz.

Las primeras veces que el niño vive el aislamiento, es posible que el periodo se prolongue antes de conseguir los dos minutos de calma. Este periodo se acorta a medida que el niño comprende que los adultos mantienen su palabra cuando dicen: «si haces tal cosa, tendrás que irte de aquí». Este aislamiento es tan saludable que algunos niños deciden ellos mismos retirarse para encontrar la paz interior. Por otra parte, es mucho más oportuno y eficaz utilizar el aislamiento preventivo que el aislamiento como reacción a los comportamientos revoltosos. El niño descubre en sí mismo la necesidad de apartarse para poder proseguir sus actividades. Termina por ver el aislamiento como un medio para ayudarle a detenerse.

No es necesario que viva este periodo en crisis, como un castigo. El mensaje a expresar es: «Estoy contigo. Nadie te va a molestar. Ahora yo sé que serás capaz de contenerte...». Se puede ayudar al niño a que se sitúe en el tiempo con un reloj. Se evita también comunicar con el niño durante el periodo de aislamiento. Mientras que no se haya calmado, no puede volver a la situación. Y después de la crisis el niño debe aprovechar la ocasión para superarse y para tener la seguridad de que se le quiere. «Ahora ven a enseñarme que eres capaz de jugar bien con tu hermano».

La pregunta «¿Por qué has hecho eso?» raramente invita al niño a un proceso reflexivo y constructivo. Responderá: «Porque yo quería el juguete, porque él no quería». Es preferible preguntar lo que ha pasado y terminar con una palabra que confirme nuestra confianza en él.

Por otra parte, es ilusorio llevar a cabo el aislamiento pensando que el niño va a reflexionar. Él reflexiona al hecho de que no le gusta estar sentado o busca las palabras mágicas que podrían sacarle de esta incómoda posición. Entonces él grita: «Perdona, perdona, ¿puedo levantarme?».

Los niños tienen necesidad de ser guiados y acompañados en esta reflexión. «¿Qué hubieras podido hacer?» o «¿Qué es lo que querías decirle?». Son preguntas que le ayudarán a valorar otras opciones y a escoger otras soluciones. Algunos niños nos sorprenden, no sufren con el aislamiento, no se enfadan. Aprovechan este momento de pausa para soñar, reposar. También hay niños que se niegan a ir a la silla.

Con los menores de 6 años, se recomienda entonces tomar al niño tranquilamente y llevarlo al lugar designado para la pausa. Los hay que, de rabia, tiran lo que encuentran a su paso. El adulto aparta en silencio los objetos durante la crisis, cierra la puerta y se cerciora de la seguridad del niño que, una vez haya calmado su rabia, deberá arreglar el desorden. En este momento y cotidianamente se podrá enseñar al niño nuevas tácticas.

Tomás juega con dinosaurios. Está escenificando un bebé dinosaurio que golpea con la pata, gruñe ferozmente, se come a los otros animales. Derriba al tiranosaurio de Samuel, gruñe y hace como que va a devorar el dinosaurio de Margarita. «Es un bebé dino malo. Su mamá está cansada, dice él mostrando un dinosaurio por el suelo. Es malo malo, nunca es bueno». Toma su dinosaurio, le pega y va a esconderlo, lanzándolo al agujero de un volcán. «Ahora va a morir».

Algunos padres temen a veces recurrir a la detención de la acción o al aislamiento. Tienen la impresión de coaccionar al niño y de entrar ellos mismos en el ciclo de la violencia. Sin embargo el hecho de sentirse agresivos no es más agradable para los niños que para los adultos. Es verdad que nuestro sentido moral y la culpabilidad ayudan al malestar, pero los pequeños viven emociones intensas y contradictorias que los atormentan. Fluctúan entre la rabia y el amor por sus padres, entre la culpabilidad naciente y los deseos apremiantes, están desbordados, buscando un guía que sepa llevarlos a aguas más tranquilas.

6. El niño enfurecido: las crisis

La cólera: un impulso incontrolado

Emilia, de 2 años y medio, se crispa, aprieta los puños, grita, su respiración se acelera. De rojo pasa a una palidez inquietante. Parece que le falta oxígeno, su inspiración se vuelve forzada, difícil. Su madre la mira angustiada, parece ahogarse de cólera. ¡Todo esto por un cucurucho de helado de crema aplastado en el suelo! Pero el médico la ha tranquilizado, no se trata de ningún trastorno neurológico, sino de los espasmos del sollozo. No dejan ninguna secuela a la pequeña, pero impresionan a los mayores. Esta expresión extrema de la cólera puede manifestarse hasta los 3 años y a veces incluso hasta los 5 o 6 años.

Las reacciones de cólera no presentan siempre la forma de espasmos del sollozo, pero algunas alcanzan tales proporciones que llevan a todo el mundo de cabeza y hacen daño al ambiente familiar. Tim Murphy (2002) señala que «la cólera es una emoción poderosa e intensa. Se apodera del niño encolerizado, de la misma forma que de sus víctimas».

Judith lo comprueba en su hija de 4 años, Leonor, porque se agota intentando evitar y controlar sus rabietas. Hace un año a Judith le divertían los pequeños caprichos ocasionales de su hija, pero las explosiones se han multiplicado ante la menor contrariedad. Leonor se muestra difícil de satisfacer, tiene un humor huraño. Grita, insulta a los demás denunciando las reglas que ella considera «injustas». Judith teme de tal modo que vuelva a surgir una crisis de rabia en su hija que hasta evita salir con ella. Las manifestaciones de ciega cólera de Leonor repercuten en toda la familia y la aíslan poco a poco de los niños de la escuela infantil, a quienes profiere amenazas que a veces pone en ejecución. ¿De dónde viene está cólera y cómo contenerla?

No hay nada de negativo ni de demoníaco en la cólera. Es una emoción legítima que no hay que confundir con la violencia o la maldad. Es la expresión violenta de la cólera la que no puede justificarse: los alaridos, los insultos, las amenazas hacia otros niños, los gestos agresivos...

La cólera es una emoción secundaria. Suele haber, antes que la cólera, la fatiga, el hambre, la tristeza, la impotencia, el rechazo, la exasperación, la decepción, la humillación, la frustración o el sentimiento de no ser amado. Se desencadena por una emoción negativa primaria con la cual el niño está poco en contacto. La intensidad de esta emoción y la rapidez con la que crece en él hacen que el niño se sienta a veces aterrorizado por su propia cólera y poco consciente de lo que la ha provocado. Cuanto más aterrorizado está, menos puede controlar la situación frustrante y más desmesuradas son sus reacciones.

El niño siente muchas veces que no puede ejercer ningún control sobre la situación y esto explica en parte las diferentes reacciones que se observan en él entre sus formas de expresar la cólera con el adulto y las que emplea con otros niños. Los niños reaccionan con los adultos descargando su cólera mediante gritos, tirándose al suelo, mientras que suelen ser más agresivos físicamente con niños que hayan provocado en ellos la cólera, porque sienten que así pueden dominar más la situación.

Por lo tanto es oportuno desarrollar en el niño ese sentimiento de control interno proponiéndole tácticas para tratar la cólera. Hay que considerar otros dos factores cuando se trata de la cólera: el sexo y la edad del niño.

Sabemos que los niños más pequeños estallan de cólera más a menudo que los mayores quienes, con el paso de los años, han aprendido a usar tácticas para dominar su cólera y a emplear un vocabulario más amplio. La siguiente tabla ilustra esta disminución de la cólera explosiva con el paso del tiempo.

PORCENTAJE RELATIVO DE LA CÓLERA EXPLOSIVA EN RELACIÓN CON LA CÓLERA, ORIENTADA EN FUNCIÓN DE LA EDAD					
EDADES	<1 año	De 1 a 2 años	De 2 a 3 años	De 3 a 4 años	De 4 a 8 años
CÓLERAS EXPLOSIVAS	88,9 %	78,4 %	75,1 %	59,9 %	36,3 %

Fuente: *(Según Goodenough, 1931)*

Además las niñas tratan con frecuencia de defender su punto de vista («Era mío. ¡Deja de empujarme!»), mientras que los niños recurren más a métodos agresivos o explosivos. Las actitudes de los padres pueden explicar en parte esos fenómenos. Un estudio ha demostrado que las madres reaccionaban de manera diferente hacia sus hijas y sus hijos, y esto, desde los 3 a los 6 meses. Las madres desaprueban las manifestaciones de cólera de sus hijas mientras que reaccionan con simpatía a las de sus hijos. Ya se trate de niños o de niñas, su desarrollo o su maduración les permitirán poco a poco comprender e interpretar las emociones y dominarlas, sobre todo la emoción de la cólera.

Por otra parte no hay que confundir la cólera, que es inmediata, con el odio que hunde sus raíces en el pasado. Drory D. (2004) explica: «El odio no es la irritación de la cólera, es algo incalificable. Se parece a una fuerza que no nos pertenece y que dormita en nosotros».

Por tanto el odio tiene su origen en el pasado y se expresa en diferido. Depende más de la hostilidad y de la venganza. Las cóleras que se expresan a una persona hablan de ofensas hechas por otra. La cólera se expresa en reacciones inmediatas dirigidas hacia la fuente de la frustración. Es una agresividad directa, donde es fácil identificar la fuente.

Cuando decepción rima con explosión: una variedad de provocaciones

Tim Murphy (2002) identifica cuatro tipos de familias que predisponen al niño a esta cólera tan profunda que Diane Drory (1997) llama odio. La cólera expresa entonces el dolor en estos cuatro tipos de familia.

- En las *«familias perturbadas»* (toxicomanías, enfermedad mental, discordias), el niño desatendido, incapaz de poner palabras a su sufrimiento, grita su impotencia, su desamparo. Sus gritos de cólera hablan de su necesidad de amor y de atención.
- Por otra parte, en nuestra sociedad centrada en los resultados, las crisis de cólera de los niños pueden dar prueba del estrés de las familias que viven al ritmo de horarios sobrecargados. Murphy habla entonces de la *«familia frenética»* donde a los niños les duele la ausencia.
- Hay también las *«familias irascibles»*, es decir, las que demuestran irascibilidad, cambios de humor, y donde «la cólera es la voz del poder».
- Por último hay lo que él llama las *«familias indulgentes»*, que confunden la legitimidad de la expresión de la emoción con su liberación desmedida. Dejan que su hijo entre en una cólera ciega pensando que esto le permitirá desahogarse y relajarse. Sin embargo, el niño comprende que puede exteriorizarse gritando o tirando cosas, y entonces volverá a emplear esta táctica.

Se ha pensado muchas veces que gritar o jurar, hacer salir lo que rebosa, era un buen medio de reducir los comportamientos agresivos, «dejar que el vapor se escape de la olla». Ahora se sabe que esto no hace sino acrecentar la cólera en las personas implicadas en el conflicto, porque las arrastra en una relación de tipo perdedor-ganador: el que gana es el más colérico o se cae en el juego peligroso de la revancha.

Las crisis de cólera pueden tener también causas médicas o biológicas. Así, los niños que sufren problemas neurológicos tienen a veces dificultad para controlarse y a los niños diabéticos les cambia el humor según las fluctuaciones de la tasa de azúcar en su sangre.

Como ya hemos especificado en los anteriores capítulos, la fuente más frecuente de frustración y de cólera en el niño es el conflicto por la posesión. Aunque también encontramos, en los orígenes de la cólera, los ataques verbales o físicos, el rechazo social y los límites inherentes a la disciplina.

De la cólera explosiva a la cólera expresada

La formación de las emociones en el niño tiene lugar gradualmente. Ya cuando tiene 1 año el bebé experimenta la cólera de su entorno. Hacia los 18 meses (Landy, 2006), las crisis de cólera aumentan. A veces el niño se distrae con un objeto que lo tranquiliza, como su peluche, su pulgar o un juguete. A esta edad el niño observa al otro para intentar descifrar los indicios de cólera. A veces tiene dificultad para reconocer esos indicios y, por consiguiente, para adaptar su comportamiento.

Marcela, educadora de los niños que ya saben andar, reprende a Kevin: «Mírame a los ojos, ¿crees que estoy contenta de lo que has hecho?» Kevin, atento, responde sinceramente: «Sí». No llega a captar el mensaje de su educadora. En casa, cuando papá se encoleriza eleva el tono de voz, señala con el dedo, y mamá pone las manos sobre sus caderas y dice «¡Kevin!». Para ayudar al niño a descifrar su reacción, el adulto debe poner nombre a la emoción y describir los signos (las cejas fruncidas, la ausencia de sonrisa, el dedo que señala, las advertencias precedentes).

A los 2 años los niños empiezan a interesarse por las emociones (Denham y Burton, 2003). Hablan, y reconocen cada vez más que algunos actos provocan cólera. En efecto, entre los 24 y los 36 meses se muestran capaces de identificar las emociones de alegría y las que tienen una connotación negativa. Los estudios demuestran que «cuando se trata de reconocer las emociones sentidas por personajes, los niños de 3 a 5 años (Ricard y Baril, 2007), identifican con mayor claridad la alegría y la tristeza que el miedo y la cólera». Sin embargo una investigación de Ricard en Québec ha permitido descubrir que los niños «captan más fácilmente las consecuencias de la cólera». Este resultado nos estimula a ayudar a los niños a establecer las relaciones entre la emoción y las situaciones ligadas a ella.

Hacia los 4 años, son capaces de explicar las causas de su alegría, de su pena y de su cólera. Entre los 2 y medio y los 4 años, su habilidad para expresar verbalmente sus emociones progresa paralelamente al lenguaje. Por esto los ataques intensos de cólera son menos frecuentes. Las etapas de estos aprendizajes están resumidas en el cuadro que sigue.

EL APRENDIZAJE DE LAS EMOCIONES	
Etapas	**Aprendizaje**
1ª	Reconocer las manifestaciones de una emoción.
2ª	Determinar la emoción y describirla (contento, triste, enfadado).
3ª	Reconocer las situaciones que hayan provocado la emoción (le han quitado su juguete, rechazo, me ha empujado).
4ª	Hacer deducciones en cuanto a la causa de la emoción y las posibles consecuencias.

Fuente: *Denham, S. y Burton, R.*, 2003.

Cuando el niño sabe reconocer su cólera, describir la situación frustrante y anticipar las consecuencias, con ayuda del adulto desarrolla tácticas para hacer frente a estos accesos de cólera.

Dos chiquillos de 4 años se divierten en la plataforma de un módulo de juegos. Felipe tropieza y se agarra al chándal de su hermano para no caerse. Esteban grita: «¡Deja mi chándal!». Felipe lo mantiene agarrado para levantarse. Esteban siente rabia y grita: «¡Ay! ¡Déjame!». Felipe levanta y se encuentra cara a cara con Esteban que le sigue mirando rabioso e insulta a su hermano: «Tonto, es mi chándal de fútbol». Papá, testigo de la tempestad, sugiere a Esteban que respire profundamente. Éste lo hace, sabiendo que su padre no acepta las crisis ni los golpes. Esteban ha interpretado el gesto de su hermano como un ataque. Para él, un tirón, un empujón, un golpe, es necesariamente un gesto que expresa cólera.

Puede haber incluso recursos a ciertas tácticas para suavizar la cólera y reducir los gestos violentos; el niño tiene, sin embargo, necesidad del adulto para producirlos o para pensar en ellos cuando vive emociones muy intensas. Tiene tendencia a interpretar las situaciones sin matices en una perspectiva completamente negra o completamente blanca. Por lo que se comprende que él experimente todavía dificultades para moderar su cólera.

Saber reaccionar: un aprendizaje esencial

Varias investigaciones han demostrado que los niños que no aprenden a dominar su cólera corren más peligro de implicarse en interacciones negativas con sus compañeros y de responder a los conflictos con la venganza, la huida o la descarga explosiva. Se asocia el rechazo y las relaciones conflictivas con una dificultad para dominarse y un humor colérico y variable. Los padres y profesores tienen un papel importante que desempeñar para ayudar al niño a domar así sus emociones.

Puesto que el niño aprende por imitación, ¡ofreceos como modelo! Daos permiso para sentir cólera cuando os invade. Reconocer vuestra propia cólera. Así enviáis a los niños un mensaje diciéndoles que es normal sentir cólera y que no os avergonzáis de ello. Evitad censurar a los demás, estamos poniendo nuestra atención en la expresión responsable de la cólera. Es esencial expresar también la alegría o la tristeza, cuando el contexto se presta a ello. Al observar los diferentes signos de estas emociones, el niño podrá asociar la sonrisa y la alegría, las lágrimas y la pena.

Enseñad al niño lo que hacéis cuando estáis frustrados. Hacedle partícipe de una situación que os ha contrariado, habladle de los medios que habéis encontrado para dominaros. «Yo estaba furioso. Estaba dando marcha atrás para aparcar el coche y un señor se ha metido para aparcar en el mismo sitio. He suspirado tres veces, he razonado y he decidido irme a buscar otro sitio». Respirad y tratad de expresar serenamente lo que sentís. Si es necesario, retiraos a un lugar, que vuestro hijo conozca bien, para calmaros.

Ayudadle a desarrollar su vocabulario variando los términos que describan el estado emocional o el nivel de furia. Haced una lista de palabras que permitan describir los grados de vuestra indignación. Explicadle cómo estáis: enfadados, irritados, furiosos, molestos, contrariados, quejosos, «no contentos». Animadlo cuando nombra lo que siente. La atención positiva de vuestra parte representa para él el mayor estímulo.

También podéis leer al niño cuentos que aborden la cólera y comentarlos con él. Hacedle notar el color de la cara, los puños cerrados o cualquier otra reacción del personaje del cuento, las palabras que utiliza para describir su enfado. Hacedle preguntas que se refieran a las situaciones que han desencadenado la cólera del personaje, sobre el modo en que él ha afrontado sus sentimientos, y sobre las consecuencias de sus actos.

Hacedle notar cómo reacciona su cuerpo a la cólera describiendo las reacciones y asociándolas a la emoción: «Tú, cuando estás enfadado, hablas fuerte» o «tienes la cara roja, estás rabioso».

También podéis ayudar a vuestro hijo a afrontar su cólera preparándole para la eventualidad de una decepción. Por ejemplo: «Vamos a telefonear a tu amigo Antonio para invitarle a patinar en el parque con nosotros. Es posible que no pueda venir y quizá te sientas decepcionado. ¿Qué vas a hacer entonces?». Si efectivamente, está decepcionado y se queda sereno, felicitadle.

Algunas técnicas

Enseñadle tácticas que le puedan ayudar a contener sus estallidos de cólera. Se propone al niño formas de hacerlo en forma de juegos y se ponen en práctica cuando está disponible. También en esto, los niños tienen mucho interés en tomar a los adultos como modelo. Los padres y maestros deben utilizar una u otra de las tácticas delante del niño cuando la situación se preste a ello.

La técnica llamada de la «tortuga» se ha utilizado para enseñar a los adultos a afrontar su cólera; después se ha adaptado a los niños. Esta técnica es apropiada para cuando el niño tiene con frecuencia arrebatos de cólera. Se invita entonces a los niños a reaccionar al impulso agresivo de otro modo, imitando a la tortuga peleona que ha aprendido que, metiéndose en el interior de su caparazón para poder respirar, puede volver a calmarse y evitar las reprimendas y el rechazo de sus amigas tortugas. Describimos a continuación esta técnica.

El método de la «tortuga»:

Imaginad que soy una tortuga que se retira a su caparazón. Pliego mis brazos a lo largo de mi cuerpo, bajo la cabeza y cierro los ojos.

Se invita al niño a que haga de tortuga cuando se encuentra en una u otra de las cuatro situaciones siguientes:

- El niño siente rabia hacia un compañero y piensa que podría tener un altercado agresivo.
- El niño siente rabia hacia sí mismo y anticipa una crisis.
- El adulto invita al niño a imitar a la tortuga diciendo «tortuga».
- Un niño dice «tortuga» a otro niño que se engancha en un altercado agresivo con él.

Etapas de la técnica de la tortuga

1. Reconocer que estoy enfadado.
2. Pensar «stop».
3. Retirarme a mi caparazón.
4. Hacer grandes respiraciones. Me relajo para afrontar las frustraciones (método Jacobson, contracción y relajación de los músculos). Me aflojo. Además es divertido practicar esta distensión imitando a la muñeca de trapo que se deja caer o simplemente al juego de espaguetis que se queda blando al cocerse (espagueti crudo, espagueti blando) o cualquier otra imagen (crema helada que se deshace).
5. Pensar con calma y reflexionar: «Ha sido sin querer...» o «Yo soy capaz de encontrar una solución».
6. Salir del caparazón cuando me siento calmado.
7. Pensar soluciones.
8. Escoger una solución.
9. Evaluar el resultado.
10. Felicitarme por ello.

Se puede aplicar este método con niños de 3 años y medio a 4 años. Para los pequeños la primera etapa consiste en aprender a respirar. Acompañando la respiración con movimientos y el sonido del aire que circula, el niño llega a comprender que se trata de inspirar y espirar. Por ejemplo, soplar sobre una pluma, espirar en la calle cuando hace mucho frío, hacer pompas de jabón o bracear como una mariposa espirando ruidosamente o incluso hinchar el balón del pequeño vientre, son algunos medios simples para comprender el principio del soplo que aplaca.

Aquí tenemos otras pistas, obtenidas de distintos programas y autores. Cuando estoy enfadado:

- Puedo decírselo a alguien.
- Puedo caminar.
- Puedo sentarme solo.
- Puedo pensar en cosas agradables.
- Puedo pedir un abrazo.
- Puedo ir a buscar a mi perrito.
- Puedo dibujar.
- Puedo arrugar un papel y lanzarlo.

Pero no olvidemos que la respuesta más apropiada es decir lo que se siente y que, cualquiera que sea el medio escogido, debe ir acompañado de la expresión verbal de la cólera.

Cómo afrontar la crisis

Cuando el niño tiene un acceso de cólera, ¿cómo debemos reaccionar?, ¿qué debemos hacer o evitar?

- *Quedaos en calma y obrad enseguida.* No esperéis a no poder más, dejándoos invadir vosotros mismos por una cólera ciega, y perdiendo vuestra sangre fría. Hablad con una voz tranquila, directa.
- *Aceptad, reconoced la emoción y explicadla.* «Es difícil de... Estás enfadado porque...Tienes derecho a estar enfadado, pero no puedo aceptar que tú...».

- *Evitad quitarle importancia* (eso no es nada…) o anular (te enfadas por nada) la cólera o cualquier otra emoción. Para reconocer y aceptar nuestras emociones y las de los otros vamos a demostrar empatía.
- *Buscad el origen del problema, escuchad.* Es posible que una diversión, una opción o incluso la respuesta a la necesidad apague el brote de cólera.
- Si la cólera estalla, *procurad que nadie se haga daño.* Separad a los protagonistas durante el conflicto.
- *Mantened vuestros límites, no cedáis.*
- Si el niño se enfurruña, *dejadle hacer,* pero si grita o da patadas, *pedidle que se retire a un lugar tranquilo.* Después podrá volver con el resto del grupo cuando haya cesado de gritar.
- Después de la crisis de cólera, *discutid con el niño sobre lo que ha pasado.* Reconciliaos con él.

¿Cuándo hay que inquietarse?

Las crisis de cólera se dan normalmente entre los 2 y los 4 años. Si persisten después de los 4 o 5 años y, a pesar de diferentes esfuerzos, son intensas, numerosas, y sin causa razonable o si el niño está triste y solitario, puede ocurrir que sufra un trastorno emocional. En este caso es necesario consultar a un especialista.

Hay niños que se encolerizan, todos lo sabemos. Hay también niños perpetuamente habitados por la cólera y este sentimiento es tan profundo que mina su vida y merma su alegría. En cuanto a ellos hay que empezar por escuchar su impotencia.

En muchos casos, reconocer la necesidad de ayuda profesional es la clave de su felicidad.

7. Cuando los niños «no quieren»

La oposición, un paso necesario

Germain Duclos (2005) define así la oposición: «en los niños la oposición debe ser considerada como una tendencia a afirmarse, aunque de una manera negativa. Este deseo de afirmación es sano, pero el niño se afirma contra cualquier cosa mediante oposición verbal o resistencia pasiva». Gordon Neufeld y Gabor Maté (2004) adoptan más bien el término «contra-voluntad». Algunos hablan de niños «teflón», es decir, niños sobre los que los adultos no tienen ninguna influencia; como si estos niños refractarios fueran impermeables a cualquier influencia a causa de una inteligencia superior. Sin embargo, como dice François Dumesnil: «¡la teoría del niño teflón, no hay quien se la trague!». Si el niño resiste a cualquier forma de límites, es que reacciona, entra en relación de una manera negativa.

Este proceso de adquisición de la autonomía se inicia hacia los 18 meses y dura hasta que el niño, convertido ya en adolescente ha construido su propia identidad. Este proceso llega a su punto culminante hacia la edad de 2 o 3 años y resurge intensamente en la adolescencia. A los 7 u 8 años (Olds y Papalia, 2005), en el caso de que los comportamientos habituales de oposición del niño persistan, se puede descubrir un trastorno negativista. Las actitudes desafiantes pueden tomar diferentes formas: caras desabridas, muecas, ojos provocadores, manos en las caderas, clara desobediencia («¡Tú no mandas!»), argumentación, resistencia pasiva, rechazo silencioso a obedecer, conducta remolona o incluso manifestación somática (rechazo a alimentarse, a dormir, a controlar sus esfínteres).

La obediencia del niño depende de su capacidad para comprender los límites que se le imponen y de su deseo de responder a las expectativas y a los límites expresados por los adultos. Entre las reglas se encuentran las que exigen hacer algo («poner en orden los juguetes») y las que prohíben acciones («no empujes a tu hermana»). Parece más difícil y más largo el proceso de obedecer a las reglas que exigen obediencia durante la ejecución completa de la tarea.

Por eso a veces es necesario pedir veinte veces al día a los pequeños de 12 a 24 meses que adopten determinados comportamientos. El niño de 14 meses obedece al 45 % de las prohibiciones y al 14 % de las exigencias.

Es forzoso emplear estas repeticiones y, se explica, por la necesidad de independencia del niño, su vocabulario poco desarrollado y su bajo nivel de comprensión de las consignas. Entre los 2 y los 3 años el niño empieza a interiorizar las consignas, pero necesita la presencia de un adulto para adaptarse a las reglas. En efecto, quiere validar su conducta y asegurarse de que se le vigila. A los 3 o 4 años puede experimentar culpabilidad, sentirse mal y querer reparar las consecuencias de sus malas acciones. Si es capaz de hablarse, de utilizar su vocecita interior, podrá frenar sus impulsos, hasta en ausencia del adulto algunas veces. A esa edad obedece al 85 % de las prohibiciones y al 30 % de las demandas. Hay un descenso de la negatividad y de la oposición. A los 4 ó 6 años, el niño se identifica con el adulto y se vuelve muy directivo y rígido respecto a las reglas por las que se rigen él y los demás. El fenómeno de los delatores confirma esta conciencia de las reglas. Nadie puede sustraerse a una regla y el que se atreva a derogarla es denunciado y juzgado culpable en cuanto se detecta.

Juan, el papá de Julia, llega a la guardería *Los polluelos*, tras una hora de coche en medio de la circulación. Está extenuado, sueña con su sillón en el salón de su casa, en cuanto pueda, por fin, parar, bostezar y apoltronarse. Va al aula, donde están los pequeños de 2 años, para buscar a su hija. Después de abrazarla, la apremia a terminar su juego y le pide que venga a vestirse al guardarropa. Ella le responde, con aire decidido, «¡no quiero!». Juan le explica entonces que Ana, la profesora, está recogiendo y se prepara para cerrar las puertas de la guardería. Julia sigue sin obedecer. Él le habla entonces de la comida rica que le espera en casa, pero ella cruza los brazos, frunce el ceño y dice: «¡no quiero!». Juan reitera su petición una última vez, sintiendo que la furia le invade. Como Julia sigue sin reaccionar, Juan acaba por agarrarla y llevarla al guardarropa. Allí es agasajado con una serie de patadas, de gritos y de llantos mientras empieza a vestirla.

Esta crisis monumental atrae la mirada de Ana y de otros dos padres que están ocupados en el guardarropa. La presencia de adultos que observan el conflicto intensifica el suplicio del papá. Entonces, cansado de luchar, renuncia a ponerle las botas y los guantes y se apresura hacia el coche llevando a su hija en brazos. Sin embargo, las hostilidades no han terminado, porque Julia se niega a sentarse en su silla de coche y grita con más fuerza: «¡No! ¡Quiero sentarme delante contigo!». En la mesa, la letanía de negativas continúa. Julia rechaza la leche, después el agua, después el vaso azul, después el rojo, prefiere las zanahorias, después las patatas.

¿Cómo explicar el cambio de esta niña, de encantadora a reina intratable, que quiere mandar en todo y que se opone constantemente?

Una vez que empieza a andar, corretea para explorar, hurgar y mascar. Tiene necesidad de alejarse de sus padres y aprender iniciativas. Trepa por la escalera, vacía los armarios, pone en marcha el lavavajillas, se divierte con los interruptores y los botones del televisor o del vídeo. Papá y mamá gritan con frecuencia «¡No! ¡Que te vas a caer!», «¡No! ¡No toques eso!» o «¡No! ¡No quiero!». El niño percibe el poder de esta pequeña palabra, una palabra mágica que detiene, que permite tener el control. Experimenta a su vez el «no» y observa el efecto que produce. El «no» ejerce un poder en el entorno. ¡Esa palabrita hace reaccionar a sus padres! Papá se apresura para detener su carrera hacia la calle, mamá frunce el ceño, alza el tono de voz, expresa su descontento o incluso cede a los caprichos.

Algunas veces el niño dice «no» porque necesita conseguir su autonomía, hacerse mayor y construir su identidad. Neufeld y Maté (2004) afirman que «la contravoluntad impide a un niño convertirse en la simple prolongación de cualquier otro, incluso de sus padres».

Hay también el «no» que distancia. El que permite liberarse de la influencia del adulto, ser independiente, capaz por sí mismo. El «no» es la primera afirmación realmente consciente en el niño pequeño.

Al oponerse a los adultos, los niños crean una distancia entre ambos. Manifiestan así su voluntad de ser únicos, diferentes, con su propia voluntad. A veces la fase de afirmación de 2 años se califica como «pequeña adolescencia», porque ahí se encuentra una necesidad de autonomía y una cuestión de identidad similares a las del adolescente. «Yo soy capaz» significa «yo soy bastante mayor». Y el «no quiero como tú» significa «soy diferente de ti, no pienso como tú».

Es la hora de la comida. Simón, con la boca abierta, la lengua estirada, se concentra, suspira, intentando atrapar su croqueta de pollo para cortarla en pedacitos con su tenedor. La carne resbala, el tenedor no da en el blanco. Simón deja escapar un gruñido. Ana se ofrece a ayudarle, pero él responde: «¡No! ¡Yo puedo!». Sigue intentándolo pero acaba por esparcir toda la comida alrededor de su plato. Ana se pone a su lado e intenta otra vez ayudarle. Él se enfada: «¡No! ¡Puedo!».

Los arranques de autonomía del pequeño de 2 años le permiten desarrollar sus habilidades, adquirir confianza en sí mismo y perseverar. Si los padres son superprotectores y actúan en lugar del niño para evitarle una frustración o para evitar una crisis, éste piensa que no creen en sus capacidades. A los 2 años, el niño, dotado de sus nuevas habilidades motrices, quiere superar sus limitaciones. Además los niños de 2 ó 3 años se oponen dos veces más que los de 4 ó 5 años. El pequeño quiere satisfacer por sí mismo sus necesidades. Es importante que los adultos le estimulen a intentarlo y que le indiquen sus éxitos cuando tiene dificultades: «Simón, es difícil para ti cortar esa croqueta; está un poco dura...» o «¡Muy bien, lo has conseguido utilizando tu cuchara!». Los padres pueden animar determinados deseos de autonomía e impedir otros por razones de seguridad. De este modo Simón podrá escoger el color del pantalón que va a llevar, pero no podrá elegir llevar un short en invierno. Sus padres le proponen opciones razonables entre las que él podrá escoger, así experimentará una sensación de poder.

Este periodo de negación sistemática es pasajero. ¡Afortunadamente, porque pone a prueba la paciencia de sus padres y educadores! No es un periodo conflictivo en sí mismo, puesto que no es necesario confrontar dos voluntades. En efecto, los pequeños Simon y Julia pasarán del «no» al «sí», en cuanto hayan aprendido a elegir, es decir, a considerar dos cosas a la vez.

Las trampas

Sería un error ver la oposición del niño en los primeros años como una cuestión de poder y decidir entonces mantener con él relaciones de fuerza. «Vas a ver quien decide aquí» o «no voy a ceder a tus caprichos», son las expresiones de una lucha de voluntades. Esta guerra sin piedad debilita no solamente la sensación de autoridad del educador, sino sobre todo, el sentimiento de seguridad del niño. Éste tiene necesidad del adulto por él y no contra él. Se acabará con esta «contravoluntad» gracias al apego y a las relaciones más organizadas y expresivas. El niño desea mantener el amor y dejará su resistencia a un lado cuando haya aprendido a afirmarse positivamente. «Al margen de la dinámica del apego, las expectativas se convierten en fuentes de presión». Por otra parte, los niños avisan a las educadoras: «Tú no eres mi mamá, no eres tú quien mandas».

Hay que evitar también personalizar el conflicto («él está en contra mía», «no me quiere») o entrar en el conflicto sin descifrar la necesidad («me estás provocando», «me vas a respetar»). Las necesidades de independencia y de autonomía se expresan aunque no haya límites por parte del adulto. A veces, el pequeño se aferra a un deseo con tanta vehemencia que uno puede sentirse culpable de no responder a ello. Sin embargo, la trampa más peligrosa consiste en renunciar, ya sea para evitar la crisis o para sustraerse a las miradas y a los comentarios del entorno.

Sin embargo, sea cual sea el comportamiento, es esencial comprender lo que hay debajo. La oposición puede esconder más cosas que la resistencia a los límites impuestos por el adulto. Por ejemplo, la negativa a irse a la cama, fenómeno muy frecuente en los niños (del 30 a 40 % de ellos tienen dificultad para irse a la cama), se explica, no solamente por la necesidad del niño de probar sus límites y los de sus padres, sino también por el miedo a monstruos y ruidos por la noche (de los 3 a los 5 años) y por el miedo a separarse de los padres durante la noche, en los más pequeños. Lo que hay que satisfacer entonces es la necesidad de seguridad. Se favorece el descanso manteniéndose firmes y dando al niño objetos que le proporcionen seguridad, como un peluche, una cubierta suave o incluso dejarle en la habitación una luz tamizada. El padre también puede prometer al niño que irá a verle a su habitación pasados 10 ó 15 minutos. Carolyn Webster-Stratton señala también la importancia de que los adultos ofrezcan modelos coherentes a los niños.

Pasar del «No» al «Yo quiero»

La desobediencia de los niños es un motivo frecuente de consulta. Aun cuando sabemos que las primeras veces que se oponen hay que buscar las raíces en la necesidad de afirmación e independencia, en ocasiones es difícil no interpretarlas como afrentas, provocaciones o insolencias. Si nos sentimos tiranizados por las resistencias del niño y respondemos a ellas multiplicando los conflictos y los castigos, las tensiones se intensificarán. Por consiguiente, es esencial evitar las luchas de poder con el niño exigiéndole obediencia.

Por otra parte los niños cuyos padres exigen de ellos obediencia ciega, tienen tendencia a demostrar menos creatividad y espontaneidad, y a tener una débil autoestima. No hay que dar importancia a la oposición de los niños. Como padres o educadores, todos hemos vivido la guerra contra las legumbres o el rechazo a acostarse o a vestirse. Cuanto más importancia se concede a eso, insistiendo a base de argumentos o de amenazas, mayor es la resistencia del niño y menor su inclinación a responder a nuestras expectativas. El niño debe aprender poco a poco que la libertad de elección está íntimamente unida a responsabilizarse de esas elecciones. Cuando el niño rehúsa la ayuda diciendo «puedo, soy capaz», podemos decirle «demuéstrame que sabes hacerlo (según las reglas) y yo te dejaré que lo hagas». La autoridad sirve de protección y de válvula de seguridad. Es importante que los padres respalden la necesidad de afirmación de su hijo, asegurándole un ambiente de confianza y estableciendo unos límites. Si son demasiado permisivos, ofreciendo a su pequeño un marco de vida exento de límites y una libertad total, no le permiten oponerse. Además esta actitud permisiva está rozando la irresponsabilidad, y el niño puede entonces sentirse desatendido, abandonado a sí mismo y, por consiguiente, inquieto ante la ausencia de señales que le guíen. Evoluciona en un ambiente que oscila a medida que sus caprichos van en aumento.

Por el contrario, si los padres son muy autoritarios, cortan drásticamente el arranque de independencia del pequeño «antagonista» de 2 años; porque éste obedece, pero se calla, por temor a los castigos. La rigidez de sus padres no le deja lugar para afirmarse. El niño se calla, refunfuña a veces, se amolda a lo que se espera de él, se inquieta porque percibe que el amor de sus padres está condicionado a su sumisión.

Por consiguiente, el gran desafío de los padres consiste en establecer los límites en un medio acogedor y expresivo. Deben permitir a sus pequeños responsables que se afirmen eligiendo por ellos mismos e integren su elección, indicándoles con firmeza las prohibiciones que no son negociables.

Hacia la concordia

Para sobrevivir a este periodo de enfrentamientos los adultos pueden adoptar determinadas tácticas que facilitarán el paso del «no» al «sí».

- *No sobrevaloréis el poder de la persuasión verbal* con el niño de 2 años cuando está invadido por la cólera o por fuertes emociones. Utilizad un tono firme y directo, y aseguraos de que está atento. El tono suplicante invita al desafío y a la argumentación.
- *No aceptéis los actos desmesurados.* Cuando el niño manifiesta su cólera con actos peligrosos para él o para los demás (por ejemplo, lanzando piezas de construcciones), hay que pararle. Decidle: «Paras tú o te paro yo». Si continúa igual, paradle.
- *Sed firmes con vuestras expectativas.* No sucumbáis al chantaje de la crisis. Si por gritar mucho y durante mucho tiempo el niño consigue lo que quiere, consecuentemente repetirá este juego.

- *Evitad los enfrentamientos inútiles.* Mantened los límites esenciales al bienestar y a la seguridad del niño, y ofrecedle la posibilidad de escoger cuando la situación se preste a ello.
- *Apoyad al niño en sus esfuerzos,* a veces torpes, para afirmarse, invitándole a decir lo que le gusta, lo que quiere, lo que piensa.
- *Estimuladle a que tome decisiones y valoradlas cuando las adopte.* Dejadle experimentar las consecuencias de sus decisiones. Cuando proteste en el momento de sufrir las consecuencias, hacedle ver que ha tomado esa decisión y que él conocía los resultados. Por ejemplo, proponéis un paseo por el parque a media tarde y advertís a vuestro hijo que tendrá que ordenar sus juguetes antes de irse. Sigue con su juego y os ignora. Anunciadle entonces lo que puede elegir: «O sigues con tu juego o pones en orden tus juguetes para disfrutar en el parque». Él no hace caso, ¿está enfrascado en su juego? El tiempo pasa... Él reacciona cuando le decís que ya es demasiado tarde. Hacedle ver entonces que ha preferido proseguir con su actividad.
- *Favoreced su autonomía* y felicitadle por sus progresos
- *Valorad su creatividad y sus iniciativas,* especificando que él solo ha encontrado en su cabeza cómo hacerlo.
- *Asignadle tareas y responsabilidades* adaptadas a sus capacidades.
- *No dejéis que se establezca un clima de tensión* que estresaría a todos. Utilizad el humor para desdramatizar ciertas situaciones o intentad desviar la atención del niño de su obsesión momentánea: hacedle cosquillas, mimos, ofrecedle un juguete, etc.
- *Evitad el autoritarismo.* Expresad vuestra negativa de un modo diplomático. En lugar de decir que no categóricamente, mejor decidle: «Ahora, no, después del paseo».
- *Pedid a otro adulto que os ayude a mantener una regla* cuando sintáis que vuestra paciencia está al límite. O aplicad la ley de las tres «R»: ¡Resistid, respirad, después, reaccionad!
- *No esperéis a estar exasperados para entrar en acción.* «Los niños ajustan su tiempo de reacción a la tolerancia de los adultos». Cuanto más tardéis en señalar los límites, más os hará esperar el niño.

- *Expresad una sola petición cada vez* o separad vuestras instrucciones en pequeñas etapas. Le podéis pedir al niño que repita lo que acabáis de pedirle.
- *Expresad aquello que esperáis de forma afirmativa,* indicando lo que deseáis que haga el niño y no lo que debe evitar hacer. Los estudios han demostrado que el empleo de peticiones afirmativas, por ejemplo: «Quiero que te sientes para comer» lleva a un aumento de la frecuencia de respuestas obedientes, mientras que recurrir a demandas negativas suele aumentar la frecuencia de los comportamientos inapropiados.
- La regla de 1, 2, 3, descrita en el capítulo 5 sigue siendo una solución acertada si el niño desafía con frecuencia las peticiones del adulto.

La oposición verbal: el negociador

Eloy, 3 años, juega afuera. Advierte que Anaís, su vecinita de 5 años, se divierte con sus primas. Pregunta a su padre si puede jugar con ella. «Quiero ir con Anaís», dice. Su papá le explica que no es posible porque sus padres tienen visita. Éloy repite entonces su demanda cinco, seis, siete veces: «Quiero ir con Anaís». Insiste hasta el punto de que su padre llega a impacientarse.

Es la hora de la comida. La familia está a la mesa y saborea un paté de salmón. Laura deja su silla y se dirige hacia el rincón de las muñecas. Su mamá, Elisa, le dice que vuelva a sentarse para comer el postre. Laura responde: «Es que también tiene hambre la muñeca». Elisa vuelve a dar la orden: «Ya sabes, Laura, que cuando uno se levanta es que ha terminado. No has comido postre, ni te has bebido la leche. Ven a sentarte otra vez. Le darás la comida a tu bebé después de comer». Laura ignora a su madre y prosigue su juego. Elisa se dirige otra vez a Laura: «Estamos acabando. Después, voy a recoger la mesa y la comida habrá terminado». Laura vuelve a decir con más fuerza: «Yo como deprisa y hay que esperar mucho tiempo. Me da tiempo a dar de comer a mi bebé antes de que quites la mesa».

Después de comer, la familia se dispone a recoger las hojas de otoño. La estrategia de Laura empieza otra vez. Ella quiere salir del patio, ir al parque. «Yo puedo ir sola. Sé mirar a los dos lados de la calle». Su padre la anima a ayudarle, le ofrece el pequeño rastrillo azul, le dice que su colaboración es muy estimable. «Yo no puedo rastrillar las hojas porque me canso. Más tarde, después del parque, me sentiré en forma».

El niño de 3 o 4 años intenta comprender lo que le rodea y somete a sus familiares y maestros a interrogatorio. «¿Por qué tengo que darte la mano para atravesar la calle? ¿Por qué tengo que ponerme el cinturón en el coche? ¿Por qué no es bueno comer bombones?». Estas preguntas le llevan progresivamente a conocer los peligros que le rodean. El niño escucha atentamente los argumentos de sus padres. Los observa y trata de imitarlos. Algunos niños de 4 años emplean la seducción: «¡Qué guapa eres, mamá, te quiero!». Entonces la mamá enternecida olvida la reprimenda. Otros se valen de las payasadas para desarmar a una maestra airada.

Finalmente, algunos niños proceden por argumentación. Son los pequeños abogados astutos, hábiles verbalmente. Están al acecho de las injusticias. «No es justo. ¿Por qué Jose puede acostarse más tarde que yo?» «¿Por qué no puedo comer chocolate y tú, papá, lo comes?». Imitan a los adultos. Cuanto más discute y negocia el padre con su hijo, más materia le está dando para imitar. El padre que se justifica ante su hijo le hace creer que es su igual y que está sometido a sus deseos.

Los niños de hoy en día son especialmente despiertos, están en contacto con numerosos modelos sociales diferentes. La televisión y el ordenador permiten entrar en nuestra casa imágenes de la sociedad que algunas veces son contrarias a los modelos propuestos por la familia y la escuela. Se expresan con más soltura y se les escucha más. Se les reconocen derechos, mientras que antes se hablaba del respeto al adulto ante todo. A los padres, extenuados por la vida trepidante, les falta energía para mantener los límites y a veces ceden a las presiones que ejerce el niño exigente.

Hay que resistirse al pequeño «abogado» en sus alegatos. Se ha hecho experto exponiendo todas las razones posibles para no hacer lo que se le pide. «Basta, soy tu madre y decido yo». Es muy posible que el «abogado en ciernes» replique: «Eso no es justo».

Y es verdad que nuestra posición de padres y educadores se distingue de la de los niños, que nuestros deseos son diferentes a los de ellos y que es importante que los pequeños lo sepan. «Alguna vez tú serás mamá y decidirás por tu hijo pensando en lo que es bueno para él. Ahora yo soy tu mamá, y tú eres la hija y, para ciertas cosas, soy yo quien decide, porque yo sé lo que es bueno para ti».

Algunos padres consideran que afirmarse es signo de inteligencia, y ceden a los argumentos. Entonces se someten a las presiones del pequeño abogado o de la pequeña abogada que han comprendido que sus alegatos son un modo eficaz de obtener lo que quieren.

Esto requiere energía y determinación, pero se apoya sobre todo en la firme convicción de que los padres tienen una posición de autoridad en relación con el pequeño que va creciendo.

A continuación, ofrecemos algunas pistas para lograr un ambiente distendido:

- *Pasad rápidamente a la acción y dejad de repetir.* Cuando discutís, volvéis a discutir, justificáis y parlamentáis, estáis invitando al niño al contrainterrogatorio. ¡Decidle claramente que no queréis hablar de eso, y basta!
- *Evitad las negociaciones:* «Si haces la ficha, te voy a dar una sorpresa». Así estáis abriendo la puerta a que él quiera negociar futuros privilegios.
- *Evitad las amenazas* que corren el riesgo de irse a pique: «tu primo no va a venir si no te portas bien» o, «si continúas, me voy sin ti». Ante los castigos que no podéis poner en práctica, el niño constata rápidamente que lo que decís no tiene consecuencias y acaba por faltaros al respeto.
- *Enfrentaos al niño,* en lugar de recurrir al entorno. A veces es necesario evitar las situaciones explosivas, pero cuando se trata de reglas a las que os atenéis, aprovechad la ocasión para oponeros al pequeño negociador. No es dejando de ir a la tienda de comestibles como éste va a aprender a controlar su afán de golosinas.

- *Respetaos.* Dad a entender a vuestro niño vuestra fatiga, vuestro umbral de tolerancia. ¡Es preferible decir claramente lo que se siente y lo que se quiere serenamente, antes que esperar, argumentar y estallar, mostrando vuestros límites! «Te lo he repetido bastante. Ya sabes lo que espero de ti. Aunque me lo sigas pidiendo, seguiré diciéndote: «¡No! ¡Es peligroso!».

La resistencia pasiva

Alicia, 4 años, está sentada en el salón con su muñeca. A su alrededor tiene esparcida su ropa de invierno. Está contando a su bebé las peripecias de los personajes de dibujos animados que aparecen en la televisión. Alicia se toma su tiempo. No se apresura para vestirse, ni tampoco para desnudarse o para lavarse las manos o los dientes. Cuando mamá le pide que haga algo, ella remolonea, sueña y, de este modo, trastorna el horario de sus padres. Quizá se trate de la forma que tiene Alicia de adquirir su independencia decidiendo por sí misma el momento de cumplir sus tareas. Quizá quiere evitar una obligación fastidiosa. También es posible que su tendencia a remolonear se explique por su temperamento o, muy sencillamente, que el tiempo es para ella una noción abstracta. Como quiera que sea, la lentitud de ejecución puede representar resistencia pasiva, especialmente en el caso de los padres estresados por horarios repletos.

Veamos algunas pistas para estimular a los remolones.

- *Adaptad vuestras expectativas a las capacidades reales de vuestro hijo.* Primeramente tiene que ser capaz de quitarse sus zapatos y sus calcetines antes de aprender a calzarse.
- *Ofrecedles una referencia para que puedan situarse en el tiempo* («después de hacer tal cosa», «cuando la aguja grande toque el punto rojo en el reloj», «cuando suene la campanada»). Para los pequeños, la noción de tiempo es abstracta y subjetiva.
- *Avisad al niño con cinco minutos de antelación:* «Dentro de cinco minutos, habrá que...» o «después de tal cosa, quiero que...».

- *Adaptad vuestras demandas al ritmo del niño,* lo que supone aceptar su temperamento. Algunos se desconcentran con más facilidad y olvidan lo que se les ha pedido. Otros, están absortos en su juego y se sustraen a él con dificultad. Otros, que son creativos, utilizan poco tiempo para imaginar su próximo juego, su próxima producción.
- *No sobrevaloréis su autonomía.* Aun cuando se muestren capaces de realizar ellos solos una tarea, necesitan que se les estimule, especialmente si son varias las tareas a ejecutar.
- *Ofreced modelos de cooperación:* poner la mesa juntos, recoger los lapices, etc. Hacedles ver los buenos resultados del trabajo en equipo.
- *Felicitad sus pequeños pasos,* aun cuando no haya acabado toda la tarea. «Hoy te has puesto tu pantalón para la nieve y tus botas. Eso está muy bien».
- *Transformad las tareas en juego.*
- *Proponedle alternativas y hacedle vivir al niño las consecuencias de sus opciones.* Por ejemplo, si la rutina para dormirse prevé la lectura de un cuento después del baño, y el niño tarda, se anuncia la consecuencia: «La historia es después del baño y después de que te hayas puesto el pijama. A las 8 vas a dormir. Quedan 10 minutos para la historia. ¿Qué escoges? Te vistes ahora y hay tiempo para la historia o... sigues jugando en el agua y te acuestas sin historia».
- *Haced que tome conciencia de lo que elige:* «Tú decides ahora cómo emplear el tiempo. Conoces las consecuencias».

En conclusión

La oposición es inevitable y necesaria, ya se manifieste mediante negaciones categóricas o mediante la pasividad. Pasando del «no» al «quiero», el niño aprende a afirmarse positivamente. Afirmarse es decir lo que es y lo que se quiere. Es también resistir a la presión de los otros.

La afirmación reemplaza a la agresividad y a la oposición. Permite que el niño aprenda a respetarse a sí mismo. En un contexto social donde los adolescentes sufren presiones muy pronto (beber alcohol o tomar drogas, seguir las acciones ilícitas de un grupo de amigos o participar en actividades sexuales), es esencial ser capaz de escoger según sus valores, afirmándose.

8. La agresividad verbal

La agresividad verbal: el peso de las palabras

Mientras que los golpes y las crisis se atenúan, aparecen los insultos, juramentos y amenazas. La maestra y los padres se ven entonces luchando contra actitudes negativas y tienen que ponerse manos a la obra. En principio, los comentarios desagradables pueden tomarse como cambios de humor pasajeros, pero, no hay que pasar por alto que, si se toman a la ligera o se ignoran, esos insultos formarán parte del repertorio del niño, aumentándolo.

Esta agresividad puede tomar diferentes formas. En primer lugar, la falta de educación: «¡Eh!¡Dame eso!». Por otra parte, la fantasía agresiva que indica algo más que una manifestación lúdica: «¡Estás muerto!». O incluso palabrotas, tomadas de aquí o de allá, según los oídos curiosos; injurias ligadas a la frustración: «¡No eres buena! ¡Ya no eres mi madre!». Por último están también las palabras que hacen reaccionar o divertirse, a veces a causa de su connotación sexual «pene, teta» o escatológicas «pipí, caca», o la ofensa: «¡No sirves para nada!», y las amenazas «¡Ya no eres mi amiga!».

A la edad de 3 ó 4 años, los niños pequeños adoptan expresiones fuertes, no dominan bien sus palabras. El pequeño descarado prueba los límites y debe aprender que los insultos dañan la relación.

Aunque su intención no es necesariamente ofender o faltar al respeto, tienen que aprender poco a poco el peso que tienen las palabras, es decir, que hay palabras que hacen daño. La escalada de las palabrotas puede llegar a la intimidación. Si se ignora la violencia verbal, se niega el efecto hiriente de una expresión, sobre todo cuando viene de boca de un adulto: «¡Mira qué feo te pones cuando lloras así! Anda, que eres un "niño chico"».

El niño ignora todavía el alcance de las palabras, imita al adulto, prueba las reacciones, se divierte con las sonoridades. Necesita al adulto para que le haga consciente de que hay palabras que perjudican la relación y que nadie quiere oír.

Pipí, caca, mocos: palabras graciosas

Las palabras «pipí», «caca», «culo» o «mocos» quizá sean una provocación para el adulto, pero son una especie de válvula de escape para el niño que está intentando controlar sus esfínteres. Estas palabras relajan y, sobre todo, hacen reir a los compañeros. Por lo tanto, permiten que se elimine un exceso de energía y aportan el reconocimiento de los compañeros, que se divierten alegremente de las payasadas del que se atreve a provocar a los adultos de este modo. El humor puede ser un arma eficaz.

Vicente, 4 años, suelta a su profesor: «Julio eres un cerdo». Julio pregunta a Vicente: «Enséñame qué quiere decir eso de "cerdo". ¿A qué se parece eso? ¡No lo conozco! ¿Es un animal?». Se van los dos a buscar al «cerdo». Sorprendido, el niño participa en la búsqueda de esa cosa misteriosa. Ha utilizado esa palabra sin conocer su sentido.

Si las palabras divertidas se convierten en retahílas, repetidas por aquí y por allá, en público, y eso resulta molesto, podéis pedir al niño que se vaya a decir esas palabras a un lugar donde no desagraden a los oídos de los demás. Lo mismo sucede con los «tacos» aprendidos en las conversaciones de los adultos y repetidos sin que el niño comprenda el sentido.

Evitad las reacciones desmesuradas. El castigo enseña al niño que esas palabras os desagradan y os provocan, por lo que pueden ser eficaces para llamar la atención.

En el transcurso de una visita a un grupo de niños de 3 años, el pequeño Sergio le suelta a la directora: «¡Eh, tú! ¡Ven a sentar aquí tu culo gordo!», puntuando su frase con un taco. Invitándola de este modo, él observa la reacción de sus dos amigos, que se ríen, y la de la maestra que palidece. La directora le mira con insistencia para darle a entender que ha oído su mensaje y decide no tenerlo en cuenta. Él reitera intrépidamente su petición, con una sonrisita cómplice a sus vecinos de pupitre. La directora se une a otro grupo. Él, entonces, grita, «¿Vienes a jugar con nosotros?». Ella responde enseguida: «¡Con mucho gusto! Si me lo dices así, estoy encantada de escucharte. Cuando quieras que un adulto se ocupe de ti, puedes pedírselo.

Sergio reclama la atención del adulto intentando provocarle. Obtiene entonces una atención teñida de reproches. Tiene que aprender que puede recibir del adulto, ánimo, consuelo, signos de afecto y, sobre todo, que es digno de conseguir todo esto.

Palabrotas que expresan la rabia

El niño dice palabras para desahogarse y hay que respetar la rabia así expresada. Sin embargo, tiene que aprender que hay palabras que ofenden. El adulto tiene que dejar que la cólera exista y proponer otras formas de expresarla: «Bruno, estás enfadado conmigo. Me estás queriendo decir: "No me gusta que me riñas". No te preocupes, aunque yo no consienta que le pegues a Edurne, sigo queriéndote».

Las palabras del adulto consuelan al niño, aplacan su sentimiento de culpabilidad. Cuando el niño profiere insultos, el padre irritado debe hacerle saber lo que siente: «No, yo no acepto que me hables así. Estoy enfadado. Comprendo que estés furioso, pero quiero que me lo digas de otra manera».

La respuesta a la autoridad se expresa a veces en forma de amenaza: «Vale. Primero: tú no eres mi mamá. No te quiero. Quiero a mami, no a ti. Tú eres malo». El niño cree hasta tal punto en la solidez de su relación que se permite represalias verbales.

El malo es el otro, porque le ha impuesto un límite frustrante. Entonces es preferible evitar las respuestas agresivas. El niño aprende torpemente a verbalizar sus emociones y espera ser comprendido. No hay que ceder al capricho, porque el niño deduciría que puede hacer chantaje para obtener lo que quiere.

Se ha descubierto que la «táctica del edredón» es eficaz. Encajad el golpe sin replicar. «Vale, soy malo porque te quiero y quiero que sepas que no se puede tener todo. Lo que pides ahora es imposible porque...». El empleo de la palabra justa permite al niño aprender cómo expresar su furia. Toma también conciencia del hecho de que se puede querer a alguien y a la vez estar irritado con él, sin que, se debilite su relación de amor.

Palabras que hacen daño: la ofensa

Las palabrotas que ofenden al otro revelan también la necesidad de ser reconocido y valorado. Mariela mira el bonito vestido de Julia y da su opinión: «¡Ni siquiera es bonito tu vestido!». Estos comentarios se dan con regularidad: «No es bonito tu dibujo. ¡Eres un crío, que sí, que sí!».

Mariela se compara con Julia. Ella necesita que valoren sus cualidades para mejorar su autoestima.

Castigar a Mariela no es el medio adecuado para permitirle reconocer que sus mejores habilidades son las motrices y que a través de las diferencias es como uno se distingue y se complementa. Describid las cualidades específicas de cada niño. Destacad las cualidades complementarias de todos.

Tenéis que ayudar al niño a ser sensible con los demás. Debe comprender que algunas palabras entristecen y hacen daño a sus amigos. Por ejemplo, si vuestro pequeño os hace notar la deficiencia física de una persona, podéis responder: «Es verdad, pero yo creo que le pone triste que la gente se lo diga. Puedes decírmelo a mí, nada más».

Emilio acompaña a su mamá a la tienda y dice: «Mira, mamá, al señor de la barriga gorda se le ha caído todo el pelo». El señor frunce el ceño, la mamá se pone colorada. El niño no conoce el alcance de sus palabras, pronunciadas tan ingenuamente. Hay que sensibilizarlo a las emociones de los demás y a que aprenda poco a poco a censurarse. «Tienes razón Emilio. Ese hombre no tiene pelo, es calvo. Pero no hay que decirlo en voz alta, puede entristecerle. Me lo podrás decir a mi cuando estemos solos».

De la amenaza a la intimidación

Burlas, sarcasmos, amenazas, murmuraciones, forman parte de los comportamientos amenazadores,del mismo modo que los golpes, los robos y las marginaciones. El autor Olweus (1999), pone también de relieve la situación del desequilibrio del poder, es decir, la relación agresor-víctima inherente al contexto de acoso, insistiendo sobre la naturaleza repetitiva de los actos negativos.

El niño de 5 años que se expresa bien verbalmente, que la toma con los más pequeños y que utiliza la amenaza para unirse a sus camaradas, perjudica el placer del juego de estos últimos y envía una señal de alarma: el riesgo de proseguir estas tácticas amenazadoras en el colegio.

Los niños opresores imponen sus reglas tanto con adultos como con niños; son poco sensibles a los demás, se complacen en maltratarlos y en insultarlos. Bárbara Crossley y Beverlie Dietze destacan la influencia familiar en este recurso a la intimidación: «Los adolescentes que recurren a las intimidaciones son muchas veces víctimas o testigos de violencia familiar».

Es posible prevenir la intimidación, la acción opresiva y la tiranía sufrida por las víctimas, y hacerlo desde el quinto año de la vida del niño. La investigación ha revelado que los chicos tienen más tendencia a recurrir al comportamiento intimidatorio que las chicas, pero que los dos sexos son igualmente aptos para ser víctimas».

He aquí algunas estrategias útiles para prevenir la intimidación:

- *Adoptad un enfoque democrático.* De este modo ofrecéis a los niños un modelo pacífico de negociación de conflictos, donde cada cual tiene la posibilidad de expresarse y el deber de hacerlo, respetando al otro.
- *Animad a los niños a expresar lo que sienten,* a escuchar su vocecita interior que les dice lo que les conviene. Enseñadles a afirmarse.
- Haced que los niños se sinceren con una persona de confianza, alguien con quien ellos se sientan bien. Enseñadles que es esencial pedir ayuda cuando el otro no escucha y no respeta lo que le habéis dicho.

- *Enseñadles el respeto a la diferencia.* Enseñadles que puede ser interesante escuchar y reconocer una idea que venga del otro, una idea diferente a la suya.
- *Ayudadles a reconocer las palabras ofensivas* observando las reacciones del otro y haciéndoles conocer sus límites.

Ciertamente, un ambiente familiar y educativo impregnado de respeto, escucha y afecto, es el primer antídoto contra la intimidación. Además cada familia o escuela tiene su propio sistema de valores, fruto de su educación, de su cultura. Por lo que debe tener claras las palabras que juzga ofensivas y orientar al niño hacia una censura que se adapte a su propia historia. Unos percibirán inofensiva una palabra, que para otros será insultante, y nadie puede evaluar estas opiniones.

9. Peleas y luchas en el seno familiar

La envidia entre hermanos, una reacción normal

Todos soñamos con una familia ideal dentro de la cual todos viven felices en armonía. Los padres sueñan con este ambiente acogedor, propicio a las risas y a la complicidad, mientras que el primogénito fantasea con el bebé que va a venir. Él imagina a un futuro compañero de juegos sonriente y sumiso a su voluntad. Pero la realidad es muy distinta. Además, incluso antes de la llegada del nuevo niño, este seductor ya se está acomodando. Se le ha dado su cama tan mullida de los primeros años y al mayor se le ha trasladado a una cama grande que no tiene olores ni recuerdos. Se ha retirado la canastilla y algunos juguetes, y ahora están en los cajones del futuro miembro de la familia. No está todavía allí, pero ya es tema de conversación. Antes de este embarazo y de la llegada del segundo niño, el hijo único vivía tranquilo, en un reino donde los padres le procuraban referencias relacionales e identidades claras. Toda la atención familiar estaba orientada a él. Él era el objeto de amor, estaban allí para él. Ahora estas conquistas de afecto están amenazadas por la llegada del nuevo niño. Françoise Dolto habla de los celos del hermano como de una tempestad repentina, Maurice Porot los describe como un sufrimiento, Edwin Antier (2005) afirma que «los celos son inherentes al ser humano».

Sea como sea, todos coinciden en decir que se trata de una reacción normal. Muchos niños sienten esta rivalidad: un 65 % de los primogénitos de las familias. El primogénito observa la diferencia entre los cuidados concedidos al bebé y los que se le conceden a él. Raramente interpreta esta diferencia de forma positiva. ¡El tiempo que los padres pasan con el bebé sobrepasa ampliamente al tiempo que pasan con él!

Además la llegada de un bebé modifica la relación madre-hijo. Hay una especie de expropiación del narcisismo en relación con esta venida. La atención se descentra del hijo mayor y se comparte. Él ya no es el único objeto de amor y esto le preocupa.

En el niño de edad preescolar, los celos se exacerban por su pensamiento egocéntrico. Puesto que sólo sabe centrarse en su propia realidad, percibe al bebé como un intruso que le ha destronado. Tanto más si a ese seductor la familia y todas las visitas le ofrecen mimos, extasiándose ante su hermosura, sus sonrisas y hasta con sus gemidos. Lo presentan como un tesoro al que hay que proteger y tratar con precaución, como un ángel al que adorar, mientras que él no tiene más que un deseo: dominar a esa cosa que grita, que molesta y que se lleva todo el tiempo de su madre.

Christiane Olivier (2000) explica también estos sentimientos. «Los celos de un niño son la primera violencia que practica para salvar su piel, su identidad». Trata de preservar su puesto, el único que conoce y que forma parte de su identidad, el puesto de hijo único de la familia. El primogénito es el más perjudicado por la llegada de otro hijo.

Las reacciones de celos dependen de la edad de los niños y del ambiente. El primer niño es portador de ansiedad para los padres, puesto que con él se inician en su misión. Este primer hijo, por lo tanto, está, en general, muy atendido por los padres, deseosos de hacer cualquier cosa para satisfacer sus necesidades. Por eso es especialmente difícil para él compartir este amor tan exclusivo.

Hay que tranquilizarle, mostrándole que este deseo de tener un hijo hijo estaba también presente en su propio nacimiento, que se le sigue amando igual, y que sus padres están orgullosos de que ahora sea el mayor de los hijos.

La edad de los niños de la familia influye también en el nivel de adaptación del mayor. Cuanto mayor es la distancia con el niño que va a venir, mayor es el riego de que se establezca un clima de competición. Por el contrario, una distancia demasiado grande aísla a los niños.

Una distancia de 2 años y medio a 3 favorece la unión, así como el reconocimiento de los privilegios y de las obligaciones ligadas al estatus de mayor o de menor.

Los celos en las familias de dos hijos aparecen con más fuerza que en las familias numerosas y entre niños del mismo sexo. Así es, porque la reacción del segundo hijo hacia el tercero es menos pronunciada que la del primogénito hacia el segundo. El segundo tiene tendencia a imitar al hermano mayor, que ahora se muestra más receptivo al bebé. El mayor, ya no defiende su puesto de soberano, puesto que comparte el reino con su hermano o su hermana. Además, él se convierte con frecuencia en el que hace las primeras peticiones a los padres, el que empieza los primeros actos de autonomía o de oposición. A veces se siente el encargado de abrir las puertas para los otros.

El niño de 12 a 18 meses no se figura lo que va a cambiar su vida con la presencia del bebé. Entre los 18 meses y los 5 años el niño ve la llegada del bebé como un «regalo envenenado». Su egocentrismo le lleva a percibirlo como un intruso que interfiere en la relación privilegiada con su familia.

Hacia los 6 años, el egocentrismo decae y el interés del niño se dirige más hacia el mundo exterior, hacia los amigos. Poco a poco la rivalidad fraterna disminuye.

Manuela

Manuela tiene 4 años. Su mamá acaba de dar a luz un chiquito, con gran alegría de su padre que lo deseaba ardientemente. «Podré hacer deporte con él, llevarlo a ver partidos de jockey, haremos cosas de hombres», dice. El padre cuida mucho a su querubín y deja de ir a buscar a su hija a la guardería. Poco después, las profesoras han observado que Manuela se arranca el pelo. En la siesta se encuentran gruesos mechones entre sus dedos y en la almohada. Sus padres, entonces, le hacen cortar el pelo muy corto y lleva una gorra de deporte, como un chico. También la han visto empujando a las niñitas en la guardería. Su madre se queja de su actitud agresiva hacia su padre. Manuela tiene la impresión de que, como hija, ella no puede agradar a su padre y, a su manera, rechaza esta identidad femenina.

Jesús, el primero que quería ser el segundo

Cuando la mamá de Jesús se ha quedado embarazada por segunda vez estaba en pleno ascenso profesional. Este embarazo aunque no había sido planificado, se ha acogido como un feliz acontecimiento. El mayor, Jesús, era un bebé exigente. Tenía ritmos de alimentación y de sueño irregulares. Se mostraba muy sensible a los ruidos y a los cambios. Lloraba mucho, sin que su madre consiguiera consolarlo, mientras que era su padre el que conseguía aplacarlo. La madre ha vivido como un fracaso estas dificultades de adaptación y, riendo, se describe como una mala madre. Las crisis de oposición que encuentra en los 2 años, han debilitado su creencia en su capacidad para ser madre e incluso toman la forma de luchas de poder entre ella y su hijo. Por eso la llegada de su segundo hijo la tranquiliza. A ella le gusta mucho arropar, acunar y jugar con Gabriel. Es un bebé tranquilo y risueño. Ya durante el embarazo «sentía la diferencia». Compara a los niños, describiéndoselos a su familia. Jesús ahoga al bebé con fuertes achuchones y hace mil trastadas para hacerse notar. Ha probado a ser muy bueno, como su hermanito, para que lo quieran como a él. Sin embargo, no hay nada que hacer. Seguirá siendo el primero y no ese segundo que ha devuelto a su madre un sentimiento de competencia materna.

Los niños pueden expresar sus celos de diferentes maneras: regresión, oposición o agresión.

Antes del nacimiento del bebé, el niño se identifica con sus padres, con modelos, por tanto, más evolucionados que él. Cuando nace el bebé, el niño se da cuenta de que sus padres quieren al «muñeco». A él le queda imitar, volver a un capítulo de su vida en que era el pequeño y el único objeto del amor de su familia. Algunos niños empiezan a ensuciarse, piden el biberón, quieren que les acunen o balbucean como bebés, en vez de expresarse claramente como tenían por costumbre. Estas regresiones son reacciones pasajeras de adaptación.

Otros primogénitos reaccionan comprobando los límites y las reglas existentes. Prueban la constancia de los padres cuando incumplen las prohibiciones. Hay tantos cambios alrededor de ellos que se preguntan si los límites se mantienen. Además algunos se aficionan a hacer tonterías después de haber constatado que esto constituye un medio muy eficaz para conseguir la atención de los padres.

Por último, varios «destronados» luchan ferozmente por mantener su puesto de único amor de sus padres. Empujan a los más pequeños en la guardería, pegan a su mamá, abrazan al bebé bruscamente, le rompen sus juguetes, le esconden el chupete; insultan al otro, le molestan y le dan empujones bajo pretexto de juego o le atacan abiertamente, presos de la furia. La rivalidad toma a veces el aspecto de acciones torpes, que se supone son manifestaciones de amor. «Lo quiere tanto que lo aplasta», aun cuando él sabe acariciar dulcemente a otras personas. Aunque se trate de yerros ocasionales, estos gestos dicen, a su manera, que el primogénito ansía la desaparición del pequeño rival cargante, que parece ser el preferido. Expresan una duda en cuanto al puesto que ocupan desde ahora en el corazón de sus padres.

François Dumesnil (2004) nos pone en guardia para que no quitemos importancia a esta duda que oculta el desamparo. «Cuando el niño promueve la cuestión de las preferencias, es que está experimentando un malestar especial». Se le debe tranquilizar en cuanto a su puesto único en el seno de la familia y así evitar que la tempestad se convierta en un cataclismo.

La trampa de la igualdad

La mayor parte de los padres ya se han sentido atrapados por el principio de la justicia distributiva. Calculamos, medimos, hacemos la cuenta de los gastos que hemos hecho para uno y para otro, el tiempo dedicado a uno y a otro. Todo esto para asegurarse de una igualdad de trato hacia cada uno de los hermanos, deseando con ello evitar los celos. Pero, lejos de hacer desaparecer las dificultades relacionales en los hermanos, esta igualdad promueve la rivalidad. Todos los padres desean acompañar a sus hijos a fin de que se realicen lo mejor posible, pero hay que reconocer también que existen afinidades naturales que a veces juegan a favor de uno de los hijos. Igual ocurre en la escuela a los educadores con sus alumnos. Se intenta entonces no adoptar una actitud de favoritismo hacia él, y para no sentirse culpable respecto al otro, se contabilizan los signos de afecto para cada uno. ¡Algunos padres aumentan incluso el afecto hacia el mayor porque se sienten culpables de haberle impuesto al bebé que le ha frustrado! Edwige Antier indica que «el ajuste requerirá mucho más tiempo, si os sentís culpables de haberle producido este percance». Cualesquiera que sean las condiciones de igualdad en las que evolucionan los niños, siempre habrá uno que esté al acecho de las injusticias y las denuncie en voz alta: «¡No es justo!». Y tendrá razón, puesto que si se responde a las necesidades específicas de cada uno mediante medidas unificadas, hay injusticia. Ningún criterio de igualdad sabrá satisfacer la necesidad de ser considerado como un ser único, y no como un simple elemento de la familia. «La prevención de los celos no pasa jamás por la igualdad a cualquier precio, sino por la individualización y la aceptación de las diferencias» (Nemet-Pier, 2003).

Floret (2005) añade: «Darle la posibilidad a cada niño de ser el ídolo de sus padres disminuirá los celos».

Aquí tenemos algunas pautas para *atenuar la rivalidad fraterna:*

- *Ponderad la fuerza, las habilidades, las características diferentes.* El niño tiene necesidad de ser reconocido por lo que es. El momento de acostarse es propicio a este tipo de confidencias.
- *Ofreced un sitio a cada uno para dormir, para guardar sus cosas o para aislarse.* Que cada uno tenga su rincón, su manta, sus colores preferidos, para el edredón o la ropa, por ejemplo.
- *Celebrad fiestas para ellos en diferentes momentos.* No es conveniente comprar un regalo de consolación al que no celebra su aniversario, pues ese día es para el que lo celebra.
- *Favoreced las amistades respectivas.* Cada niño tiene su grupo de amigos y no es obligatorio incluir en él a su hermano o a su hermana.
- Antes de dar los juguetes del mayor al más pequeño, pedidle su autorización.
- *Poned en marcha un horario adaptado a la edad de cada uno,* aunque entre los dos niños no haya más que un año de diferencia. El mayor debe poder beneficiarse de los privilegios

inherentes a su derecho por ser mayor, por ejemplo acostarse más tarde.

- *Compartid momentos de intimidad con cada uno de los niños.* Estos momentos personalizados los tranquilizarán en cuanto al lugar privilegiado que ocupan dentro de vuestro corazón. Por ejemplo, id a buscar primero al mayor al colegio, después al pequeño a la guardería, y alternad.
- *Evitad las comparaciones.*
- *Acompañad a los niños en actividades diferentes.* El pequeño podrá escoger una actividad para hacer con papá después de los deberes del mayor.
- *Reconoced las necesidades específicas de los niños* y evitad así sentiros culpables cuando uno de ellos os reproche que os ocupáis demasiado del otro. «En este momento es Eduardo el que me necesita». Confiad en vuestra sensibilidad y en vuestro juicio.
- *Negaos a responder a la pregunta «¿a quién prefieres?».* Cualquiera que sea la respuesta, siempre haréis daño a uno de los niños.
- Evitad cargar al mayor con la responsabilidad de niño modelo. Si se le exige «dar ejemplo» el mayor puede desarrollar resentimiento hacia el pequeño. Estas relaciones perjudican el desarrollo de la autonomía del pequeño.

Las disputas entre hermanos

Maximo, 4 años, reúne las partes de su nuevo rompecabezas de dinosaurio. Luisa, 2 años, acapara algunas piezas. Maximo grita «¡Es mío! ¡Dame!», sin resultado. Él agarra la mano de Luisa e intenta abrirla para recuperar lo que le pertenece. La hermanita chilla, se cae y llora.

Francisco, 4 años, y Bruno, 7 años, están sentados delante de la televisión y se pelean por elegir su programa favorito.

Juana se acerca a la cuna del bebé dormido y le tira a la cara unos peluches.

ALGUNAS SUGERENCIAS PARA SOLUCIONAR LAS DISPUTAS ENTRE HERMANOS	
Lanza peluches en la cuna.	Prohibídselo, explicándole que el bebé no puede jugar y proponedle otra actividad.
Viene a quejarse de su hermano.	No lo alentéis a que acuse, sino dadle más bien vuestra confianza en su capacidad para que ellos mismos arreglen el conflicto. «Ve a decirle que te disgusta, y juntos mirad lo que podríais hacer para entenderos».
Riñen por un juguete.	Detened la riña. Quitadles el juguete. Preguntadles lo que pasa y acompañadles, o animadles a encontrar una solución.
Oís que gritan y no transigen.	Ignorad las pequeñas riñas. Dejadles un poco de tiempo para expresar lo que quieren.
Os dais cuenta de que la habitación de juegos está hecha un desastre y nadie se confiesa culpable.	Haced que los dos arreglen el desastre y decidles que hay que ser valiente para decir la verdad, que contando nuestras equivocaciones aprendemos a repararlas y tenemos la confianza de nuestros padres.
Ha destruido un dibujo, o una construcción de su hermano.	Demostrad las consecuencias lógicas. Preguntad a la víctima si desea un nuevo dibujo o un nuevo folio, o incluso, si quiere dibujar él solo, que el agresor recoja las piezas, reconstruya, o que se aparte del juego de construcción.
Le pega al muñeco diciendo:«No pegues al bebé».	Está intentando convencerse. Pedidle que hable con sus manos para que se paren y que él se vuelva más fuerte que sus manos y así pueda contenerlas.
Pega a su mamá.	Detenedle con firmeza y decidle cuánto os disgusta lo que ha hecho, que no lo aceptáis, que está rabioso con vosotros que habéis traído este bebé. Evitad descargar vuestras emociones explicando vuestra pena, vuestra angustia. Esto podría hacer comprender al niño que se trata de un medio eficaz para atraer la atención.

Se pelean cuando los estáis observando.	Quieren atención. Concededles un momento de juego compartido cuando observéis que están bien avenidos. «Me apetece jugar con vosotros». «Qué bien os lleváis jugando juntos. Qué agradable es». «¿Puedo jugar con vosotros?». «Cuando os veo jugando a gusto, me apetece venirme con vosotros para pasar un rato juntos». Evitad los largos periodos de negociación, ellos tratan de monopolizar a su árbitro preferido. Edwige Antier describe esta situación: «Se pelean por vosotros. Os tienen completamente acaparados para saber quién tiene la razón y quien se equivoca. Así están seguros de que sois solamente para ellos».
No respeta ya las reglas, aunque antes de venir el bebé las seguía muy bien.	Evitad la confrontación directa. Procurad la negociación, los compromisos. Explicadles que las esperas y las prohibiciones así como los momentos de ternura y de rutina se mantienen porque las reglas sirven para proteger y hacer crecer.
Se insultan, comparándose: «¡Eres un bebé!», «¡no puedes!».	Indicad las aptitudes de cada uno y evitad las comparaciones. Utilizad si es necesario el álbum de fotos para confirmar las etapas que el mayor ha tenido que superar también. Organizad los juegos de modo que la concurrencia esté moderada por la presencia de otra persona. No olvidéis que los niños de edad preescolar todavía no tienen las aptitudes necesarias para seguir ellos solos los juegos de reglas.

A veces estas escenas se multiplican y desesperan mucho a los padres. ¿Se debe intervenir en estas querellas o considerarlas como simples chiquilladas sin consecuencias? El cuadro anterior muestra algunas sugerencias para solucionar las disputas entre los hermanos mayores y pequeños.

Aún cuando estas disputas sean normales, pueden degenerar en conflictos y debilitar las relaciones, hasta incluso en la edad adulta. La indiferencia o la falta de intervención de los padres pueden ser percibidos por la víctima como un consentimiento a la acción violenta, a los malos tratos. A veces se observan juegos perversos, como sentarse a caballito en el torso del pequeño o pegarle puñetazos en el vientre, o aplastar su cabeza contra la nieve. Esas peleas malsanas y repetitivas reducen al más débil a un papel de *sufrelotodo*. No se trata de juegos de niños, sino de heridas de infancia grabadas durante mucho tiempo en la vida del que no se ha sentido amado puesto que no ha sido protegido por sus padres.

Por eso es importante intervenir cuando un niño se vuelve peleón, belicoso, o incluso inhibido y descentrado. Es necesario preservar a toda costa la integridad de cada uno prohibiendo las manifestaciones agresivas y peligrosas.

Los padres entonces deben separar a los niños y consolar a la víctima. Deben enseñar a la víctima a afirmarse y ayudar al agresor a dominarse. Hay que tener en cuenta el papel de cada uno, y no tomar parte, a menos que hayan visto lo que ha pasado realmente. Muchas veces el mayor es el censurado, pero las investigaciones demuestran que con frecuencia es el más joven de los hermanos el que provoca los comportamientos agresivos de los otros.

Es esencial que evitemos superproteger al menor y dar demasiadas responsabilidades al mayor. Esta actitud no haría más que aumentar la hostilidad del mayor para con el menor, que percibe como el preferido. No se puede exigir del mayor que ceda y que sea razonable aguantando automáticamente al pequeño, bajo pretexto de que es más pequeño. La animosidad normal en el marco de una rivalidad se vuelve patológica cuando se impone al mayor un comportamiento social de amor sin tomar en consideración su naturaleza egocéntrica normal.

El intervencionismo culpable del adulto es el que transforma las manifestaciones normales de celos en reacciones patológicas. Se alimenta su rabia haciéndole reproches («¡Qué malo eres!») o con chantaje afectivo («Me mortificas»). Los sentimientos son legítimos («¡No te quiero!»), son las manifestaciones agresivas las reprensibles. Por consiguiente el mayor no está obligado a amar a este bebé, a este hermanito peligroso.

Sarfati y Brunet proponen permitir estos estallidos de rabia. «Tienes derecho a no quererlo. No hay necesidad de que lo quieras puesto que nosotros, los padres, lo queremos. Pero tienes que respetarlo, igual que él tiene que respetarte a ti, porque formáis parte de la misma familia y vivís en la misma casa. Cuando seais mayores elegiréis con quién queréis vivir».

François Dolto insiste mucho sobre este aspecto: «El bebé no necesita que lo quieras. Comprendo que no le veas ninguna gracia. Se moja, no habla, no sabe jugar contigo. Tú sabes hacer todo eso. Estamos orgullosos de ti. Lo normal es que el bebé le importe a mamá, porque su misión es ocuparse de él. Papá también lo quiere porque sabe que un día será mayor como tú».

Evitad hacer hincapié en los aspectos positivos de esta nueva presencia; indicadle también los inconvenientes (bebé que llora a gritos, pequeño que desordena los juegos del mayor). El niño se sentirá comprendido y amado a pesar de sus sentimientos de celos.

Enemigos de un día, amigos para siempre

La familia es el microcosmos de la sociedad donde son necesarias numerosas normas para establecer relaciones y mantenerlas. Si el niño ve que se comprenden sus preocupaciones, que se le acepta a pesar de sus comportamientos desconcertantes, que se le ayuda a expresar sus sentimientos, este periodo de adaptación favorecerá su desarrollo.

Gracias a su familia, el niño se sitúa antes en su identidad. Sí, es el hijo o la hija de sus padres, pero también es el hermano o la hermana de este pequeñín, semejante o diferente en su identidad sexual concreta, en sus aptitudes, en sus predilecciones y, sobre todo, en sus necesidades. Se sitúa en el tiempo respecto a sus hermanos. Ni el primero, ni el segundo, ni el tercero significa «antes de mí había o no una historia familiar y después de mí hay una continuidad y el acceso a modelos diferentes».

Aparte de estas señas de identidad, el hecho de tener hermanos ofrece al niño la ocasión de ejercitarse en sociedad. En efecto, los enfrentamientos se convierten en una fuente de aprendizaje para tolerar las dilaciones, las negociaciones, los compromisos, la escucha. Estas relaciones de fuerza ofrecen también la oportunidad a cada uno de expresar sus emociones.

Los niños que tienen hermanos y hermanas pueden expresar más su irritación y su alegría hacia sus padres, y eso es muy bueno. Nemet-Pier añade: «El mayor se va a abrir un camino en esta jungla, se batirá con los monstruos que va a encontrar (el odio, el deseo de venganza, la violencia)». Aprender a vivir juntos supone también el respeto de las reglas y favorece la aparición del sentido de responsabilidad.

También hay gestos de ternura dentro de estas tensiones familiares y complicidad para consolar al otro, lo que toma a veces el aspecto de una colaboración positiva (preparación de un desayuno en el día de la madre; esconder los regalos) o una tontería que ocultan juntos. Hacia los 4-6 años, los niños pasan el doble de tiempo con sus hermanos y hermanas que con sus padres, y sus intercambios relacionales son el 30 %, como rivalidades, y el 70 % de las interacciones son de complicidad.

Es verdad que los conflictos cotidianos ligados con la rivalidad perturban la armonía familiar, pero la relación entre hermanos representa también un medio prodigioso de mutuas satisfacciones y un mundo donde hay que familiarizarse con la decepción. Habrá hermanos que cuando se hagan mayores, superarán esas desilusiones de niños y se harán aliados, apoyándose el uno al otro en el transcurso de los acontecimientos de la vida. Entonces podrán decirse: «Qué feliz soy de que estés ahí para mí».

10. La resolución de conflictos

A resolver conflictos, se aprende

Da igual que utilicen golpes, mordiscos, empujones o gritos; los niños se pelean porque no conocen otras formas de conseguir lo que quieren. Hay que enseñarles a arreglar sus conflictos de forma pacífica. Los estudios han demostrado que es posible enseñar a los niños a resolver sus problemas. Cuando una maestra induce a sus alumnos a ponerse de acuerdo, favorece en ellos la autoafirmación. Por lo que respecta a los chicos y chicas, se ve cómo se atenúa su agresividad, porque se sienten reconocidos en sus necesidades y tienen menos tendencia a desahogar su cólera con sus familiares y sus compañeros. Los niños que son capaces de pensar en soluciones pacíficas para sus problemas evitan la intolerancia ligada al empleo de la agresión y son buscados y apreciados por los otros niños del grupo (Cooper, 2006). Este aprendizaje es un proceso a largo plazo. Requiere la práctica de numerosas aptitudes, en situaciones diversas de la vida cotidiana y en diferentes contextos. Para algunos niños que tienen tendencia a ceder, el aprendizaje permite su autoafirmación. Para otros, se trata de enseñarles a reflexionar sobre soluciones sustitutivas y sobre las consecuencias de sus acciones. En algunos casos, especialmente cuando surge el mismo tipo de conflicto, puede ser útil disponer de otro entorno para disminuir las posibilidades de que el conflicto reaparezca.

Conviene considerar dos elementos cuando surjen los conflictos: el espacio y el material para jugar.

Pedro y Lucas juegan en el salón de su casa con construcciones y coches. La torre de uno de ellos se derrumba. Los gritos estallan. Sin querer, Lucas ha tirado el edificio de Pedro al mover un cochecito. La falta de espacio es la que ha provocado la disputa. Se trata entonces de trasladar la mesita y así permitir que los niños se diviertan sin perjudicarse.

Adelina coloca cuidadosamente a todos sus personajes en su casita de muñecas. Imagina un escenario concreto que podrá realizar cuando vuelva del colegio. Durante la jornada su hermanita Sara lo modifica, cambia a los personajes y los muebles. Adelina estalla al descubrir este desorden. «¡Lo ha destruido todo, grita!», barriendo con la mano los trozos de rompecabezas de la menor.

Poniendo a disposición de Adelina una estantería o una mesa alta fuera del alcance de Sara, se evitará este tipo de situación.

Algunas actividades facilitan la participación: los juegos de motor, el bricolaje, las construcciones con tacos, los disfraces. Por el contrario, hay otros juegos que suscitan más conflictos, sobre todo en los pequeños de 2 años a los que se les hace difícil compartir.

A Julieta y a Carol, 18 meses y 2 años y medio les encanta mecerse, por lo que discuten muchas veces para saber quién tendrá acceso a la mecedora. Añadiendo otro balancín o introduciendo un nuevo elemento que estimule el interés de una de ellas, disminuirá seguramente el número de conflictos.

Habilidades y tácticas a desarrollar en los niños

Arreglar un conflicto cuando estalla, requiere tiempo y energías. Los padres expresan a menudo su desasosiego ante la recurrencia de los conflictos que son difíciles de resolver, sobre todo cuando las versiones de los hechos difieren y es imposible saber quién tiene razón. Por eso el enfoque preventivo, que pretende el aprendizaje de las habilidades, es un medio interesante. Además este enfoque se ha experimentado en el ambiente escolar, pues se ha visto que se mejoraba el clima en clase y en el patio del colegio (Bonin y col., 2000).

Maximo se pasea en su patinete. Eloy se acerca e intenta bajarlo de él. Los dos muchachos gritan: «¡Es mío!» y se empujan mutuamente.

Para arreglar esta diferencia, hay que poner en práctica algunas habilidades. Primero calmarse y pararse para poder escuchar al otro y que éste sea capaz de expresar sus deseos, sus sentimientos. Para relacionarse verbalmente con el otro, hay que ser capaz también de practicar la alternancia en los turnos de palabra. Para llegar a encontrar una solución pacífica, hay que saber reconocer las consecuencias que tienen las acciones en el resultado del conflicto y en el otro, y comprender lo que sienten los demás.

Pero, ante todo, hay que tomar conciencia del hecho de que el empleo de la agresión no es apropiado, que hay un problema y que se debe analizar su naturaleza. Además la comprensión de ciertos conceptos facilita la búsqueda de soluciones aceptables.

El proceso de resolución de problemas se apoya en ciertos conceptos básicos del lenguaje, como «es» y «no es» («es una buena idea», «no es una buena solución»), «mismo » y «diferente» («es el mismo juguete», «es diferente», «sienten una emoción diferente»). La nociones como «si», «entonces» o incluso «porque» y «quizá» se corresponden con las relaciones de causa y efecto («me ha pegado porque he cogido su juguete», «quizá ha sido un accidente»). Sin olvidar aquellas palabras que expresan emociones y que favorecen la conciencia de sí mismo y de los otros. A propósito de esto, Farzaneh Pahlavan (2002), indica la importancia de desarrollar el reconocimiento y de tener en cuenta el punto de vista del otro, sus sentimientos. «Los niños que sienten la empatía o la simpatía hacia los otros parecen desarrollar tácticas de comportamiento más adaptadas en el plano social y salir adelante en su recorrido escolar».

Los adultos pueden enseñar estas estrategias a los niños, ofreciendo al principio modelos de negociación pacífica. Así es, los estudios demuestran que los niños que han observado a los adultos discutir y resolver así sus conflictos, desarrollan, por imitación, aptitudes positivas y, además, ven disminuir su estrés asociado a los conflictos. El empleo de «hablar en voz alta» (*self-talk, private speech)* puede también ayudar al niño a disminuir la ansiedad ante una tarea difícil o un conflicto. Por otra parte se puede observar a pequeños de 2 y 3 años que utilizan este método para controlar o resolver un problema.

La mamá de Susi aprovecha una situación corriente de la vida para enseñar a su hija a tranquilizarse a fin de encontrar una solución. Busca sus llaves del coche y expresa en voz alta lo que siente y piensa. «No encuentro mis llaves del coche. Voy retrasada. Bueno, voy a respirar tres veces. No debo ponerme nerviosa. Voy a pensar. ¿Dónde las he puesto esta mañana? Quizá estén en mi otro abrigo, quizá las he dejado en la puerta. Voy a ir a ver. Ayer las dejé sobre la mesa de la cocina. Ah, sí, allí están. He hecho bien en recordar que ayer las había dejado sobre la mesa».

Otro método de enseñanza consiste en ayudar al niño a recordar tácticas que se han mostrado eficaces. Veamos un ejemplo: Susi, 4 años y 3 meses, experimenta dificultades para poner sus juguetes en el baúl. Falta sitio y ella se exaspera. Su mamá le recuerda lo que han hecho juntas por la mañana para poner los platos de plástico en el armario. Hemos metido los platitos dentro del más grande. Susi pone la ropa de la muñeca en la maleta y lo consigue: «¿Ves?, lo has pensado y has encontrado en la cabeza cómo había que hacerlo ¡Muy bien!».

En el transcurso de la vida cotidiana, es fácil estimular a los niños a considerar el punto de vista del otro. El cambio de roles en los juegos de simulación permite al niño comprender que las necesidades y las emociones de los otros pueden ser diferentes a las suyas. Jugar a la mamá o al papá, es enfrentarse a veces con bebés que lloran o que no obedecen. Jugar al bebé es tomar conciencia de su dependencia, de sus limitaciones. Las marionetas, los cuentos o los programas de televisión pueden también suscitar discusiones acerca de los personajes, de sus emociones, de sus acciones. Además, invitando a los niños a dar su opinión sobre una situación, los padres no sólo estimulan la autoafirmación, sino también una reflexión, esencial para resolver conflictos.

Algunos juegos interesantes «Imagina» y «Cuéntame esta imagen»

La discusión de problemas hipotéticos permite al niño, por una parte plantear soluciones, imaginar lo que podría sentir y evaluar las consecuencias de sus actos y, por otra parte, escoger la mejor solución posible.

Veamos algunos ejemplos del juego «Imagina», que generalmente se puede proponer a un niño de 4 años.

1. ***«Imagina»*** que has hecho unas flores bonitas de papel para mamá y que tu hermanito intenta cogerlas para jugar.
   - ¿Cómo te *sentirías tú*? «Triste, enfadado».
   - ¿Qué *podrías hacer*? «Gritar, pegar, llorar. Pedir ayuda. Proponerle otro juego. Invitarle a hacer manualidades».
   - Si *optaras* por llorar, ¿qué podría pasar? «Mi hermanito tendría miedo de que mis padres llegasen y dejaría de hacerlo, o mis padres vendrían a que lo dejara de hacer».
   - Si *optaras* por pegarle, ¿qué podría pasar? «Mis padres me castigarían y mi hermano destruiría mis manualidades».
   - Si *optaras* por proponerle a tu hermano hacer manualidades contigo, ¿qué podría pasar? «Dejaría mis flores y vendría a hacer manualidades conmigo».
   - ¿*Cuál* de tus ideas es la mejor solución? Se invita al niño a considerar las consecuencias. ¿Es peligroso? ¿Es justo? ¿Cómo te sentirías tú? ¿Cómo se sentiría el otro?
2. ***«Imagina»*** que queda un trozo de pastel y que tu hermano y tú deseáis comerlo.
   - ¿Cómo te *sentirías tú?*
   - ¿Qué *podrías hacer?* «Compartirlo, trepar a una silla y alcanzar el plato. Pedir a mamá que me lo dé a mí. Ofrecerle mis bizcochos y comerme el pastel».
   - Si *optas* por tal o cual acción, ¿qué podría suceder?
   - ¿Qué *escoges tú*?
3. ***«Imagina»*** que quieres ir al columpio, pero que tu hermano ya está subido desde hace un buen rato.
4. ***«Imagina»*** que un amigo de la guardería te hace rabiar tocándote el pelo.
5. ***«Imagina»*** que pides a Sara que juegue contigo y que ella no quiere.
6. ***«Imagina»*** que...

El juego «Imagina» permite al niño aprender a reflexionar sobre soluciones sin quedar anegado por las emociones intensas que provocan en él la frustración de un conflicto real. En el cuadro siguiente se exponen algunas tácticas de resolución de conflictos para los más pequeños.

Otro tipo de actividad que permite desarrollar la capacidad para resolver pacíficamente un conflicto es el juego «Cuéntame esta imagen», que se refiere a la atribución causal, es decir, a la intención que se le atribuye a alguien en una situación. Si se considera que la persona implicada en el conflicto nos es hostil, es muy probable que tengamos tendencia a utilizar la respuesta, mejor que tratar de arreglar una solución. Por ejemplo, varios niños juegan y se divierten en el patio. Uno de ellos recibe un balonazo en la espalda. Si se interpreta este gesto como intencionado u hostil («lo ha hecho a propósito, quiere hacerme daño»), tendrá tendencia a pagar al otro con la misma moneda, empujándole. Por el contrario, su reacción será distinta si piensa que se trata de un accidente o de un acto de torpeza de un niño pequeño.

Es oportuno hacer caer en la cuenta a los niños de las hipótesis que pueden explicar una situación, analizando con ellos imágenes sacadas de un libro o de una película.

Por ejemplo, se enseñará al niño la imagen de un muchacho con patines que se ha caído y, a su lado, otro niño que le coge por el brazo. Se pide al niño que piense en lo que ha sucedido. Se pueden plantear varias hipótesis: quizá se ha caído porque es la primera vez que patina, o se ha caído porque tenía un agujero en el zapato, o porque el otro niño le ha empujado (la respuesta más frecuente), quizá el otro niño le está ayudando a levantarse. Este ejercicio ayuda a los niños a considerar las situaciones bajo diferentes ángulos.

Por último, se sabe que un niño que puede pensar en cinco maneras de conseguir lo que quiere, por lo general mostrará un comportamiento socialmente más aceptable, que un niño que puede encontrar tan solo una o dos maneras de conseguir lo que quiere.

Cuando ayudamos al niño a diversificar sus tácticas, le damos medios para hacer de él un buen negociador. Se nos ofrecen numerosas situaciones cotidianas para practicar este ejercicio.

Elisa hace un monigote de nieve con papel y se da cuenta de que su barra de pegamento está gastada. Le pide entonces a su padre que le dé una, pero él tampoco tiene barra de pegamento. Él le pregunta a su hija: «¿Qué se podría hacer para que el cuerpo del monigote se mantenga sobre la hoja?, ¿Sabes de otra cosa que pueda, igual que el pegamento de barra, mantener dos piezas unidas?» Los dos exploran otros recursos: cola líquida, papel engomado, perforadora, goma, cola hecha con harina, etc.

Mateo está comiendo nieve. Sus padres le reprenden. «Es que tengo sed», responde. Su padre le explica: «Hemos venido a patinar al parque y no hay agua en el parque. ¿Qué podemos hacer? Podemos beber el agua de la botella de mi coche; podemos ir a beber un vaso de leche con cacao después de patinar, o podemos ir ahora mismo. ¿Qué eliges tú?».

TÁCTICAS DE RESOLUCIÓN DE CONFLICTOS EN LOS MÁS PEQUEÑOS

1. Decir «no» o «yo quiero» o «es mío».
2. Expresar lo que siento.
3. Pedir ayuda a un adulto.
4. Ofrecer otro juguete al que posee el objeto (hacer un trueque).
5. Proponer otra actividad al niño que quiere el juguete de otro.
6. Aprender a compartir (el juguete, la actividad, el adulto o el sitio).
7. Pedir, y esperar a que el juguete o el lugar estén disponibles.
8. Jugar cada uno cuando le toque el turno (alternancia).
9. Jugar juntos.
10. Calmarse respirando.
11. Retirarse para jugar solo.
12. Elegir un nuevo amigo para jugar.
13. Ponerse de acuerdo.
14. Azar (se tira a suertes para decidir quién es el primer jugador).
15. Disculpas y reparación.

Es posible ayudar a los niños a desarrollar las aptitudes necesarias para resolver los problemas cotidianos, fuera de un contexto problemático, ofreciendoles recursos para resolver los problemas de forma pacífica, practicando la «reflexión en voz alta»:

- Apelando a la memoria del niño en cuanto a las tácticas eficaces que él ya ha observado o utilizado.
- Animando a los niños a considerar el punto de vista del otro.
- Invitando a los niños a dar su opinión.
- Discutiendo problemas hipotéticos (juego «Imagina»).
- Ayudándole a considerar una situación bajo diferentes ángulos (juego «Cuéntame esta imagen»).
- Ayudándole a variar sus estrategias.

La resolución de conflictos en los niños *menores* de 3 años

Aunque sea poco real esperar que un pequeño de 2 años practique la resolución de los conflictos identificando el problema y apreciando la oportunidad de las diferentes estrategias, es posible poner las bases para desarrollar sus aptitudes de futuro negociador. Nuestros objetivos consisten esencialmente en enseñar poco a poco a compartir y enseñar a los niños a resolver problemas de forma pacífica.

Observando a niños menores de 2 años, es sorprendente el talento que tienen algunos. Los pequeños imitan con acierto la práctica del trueque que ellos ven que las educadoras utilizan con frecuencia. Así, Carmen da una muñeca a Rosa a cambio de un biberón que alimente a su mascota. Entre 1 y 2 años, los niños son capaces de pedir la ayuda del adulto para resolver un problema.

Ayudarles a adquirir habilidades

Para negociar, hay que poder decidir qué solución es la buena. Es posible poner en marcha situaciones en las que el niño debe hacer cosas sencillas. A los 15 meses se le pide que escoja entre un vaso transparente y un cubilete, a los 18 meses se le pregunta si prefiere que le lleven en brazos o ir andando hasta su cama. Todas las situaciones son buenas para practicar la toma de decisiones. Hacia los 2 años también se pueden introducir opciones referentes a objetos que los niños no ven. Cuando Gabriel tiende la mano hacia el cubilete de color, su mamá le dice: «Prefieres el cubilete. Has elegido eso». «Has decidido ir andando». El niño toma entonces conciencia de que existen soluciones alternativas, lo piensa y elige.

Durante el proceso de negociación, es necesario decir qué se siente, y escuchar lo que siente el otro. Es importante familiarizar al pequeño con la variedad de las emociones: alegría, tristeza o irritación. Hay que hacerle notar las lágrimas del bebé que está triste, los gritos de alegría de Samuel o incluso la mirada enfadada y severa de papá oso en el cuento. Así podrá desarrollar su sensibilidad hacia el otro.

Para resolver un problema, hay que imaginar diferentes opciones, encontrar buenas ideas. Proponed soluciones creativas a los juegos de vuestro hijo. De 2 a 3 años se muestra más capaz de memorizar informaciones de fuentes variadas. Matilde, de 2 años y medio, quiere un cochecito para su muñeca, pero Ana lo está utilizando ya. Su madre le pregunta qué podría elegir para simular que envuelve a su bebé en una mantilla, ¿quizá el foulard blanco o incluso la mantita? ¿Puede ser que su bebé quiera probar un potito? Para desarrollar el pensamiento causal, es bueno que el niño se dé cuenta de las consecuencias de sus opciones, diciendo lo que pasa concretamente. Para juzgar la eficacia de una solución, hay que poder predecir su efecto, sus consecuencias. Se pueden observar con el niño las consecuencias de los diferentes comportamientos. «Mira, Antonio le ha quitado el juguete a Nicolás. Nicolás se ha disgustado y llora. Mira, ahora la mamá le devuelve su juguete a Nicolás».

Cuando el conflicto estalla entre los pequeños, el adulto debe acercarse con rapidez y serenidad, mostrar su desacuerdo y detener los actos agresivos. La segunda etapa (Post y col. 2004) consiste en reconocer y nombrar los sentimientos de los niños. Con el fin de definir mejor el problema, el adulto trata de obtener información. ¿Qué ha pasado? En los bebés y en los niños pequeños, estas respuestas se expresan muchas veces mediante gestos: señalar para expresar una pregunta, dar un golpecito en el pecho con la mano para decir «es mío» o agarrar el juguete para indicar su deseo de posesión. El adulto vuelve entonces a formular el problema y propone soluciones, o pide a los niños si tienen soluciones que proponer. El trueque, la participación con alternancia de turnos, la expresión verbal de la pregunta, también son soluciones adaptadas a los pequeños. El empleo de un temporizador para obtener su turno es necesario a veces para ayudar al niño a soportar la espera.

Cuando la disputa implica a bebés, el adulto puede distraer al bebé proponiendo otro juguete u otra actividad. Es necesario asegurar un seguimiento junto a los pequeños felicitándoles y atrayendo su atención sobre el feliz resultado del problema.

Estela, de 18 meses, se divierte metiendo módulos en un contenedor. Benito, de 15 meses, quiere también llenar ese contenedor. Estela agarra entonces el contenedor gritando «¡Es mío!». Benito llora tirando del contenedor, y el resultado es que empuja a su prima que se defiende. La madre de Benito se acerca serenamente, se inclina hacia los niños y pone una mano sobre el hombro del uno y de la otra. «No me gusta eso de los empujones. Tengo miedo de que os hagáis daño. Benito, tú estás triste, estás llorando, y tú Estela, estás enfadada». Los niños se calman un poco. «Decidme lo que pasa». Estela mantiene con firmeza el contenedor, diciendo: «¡Es mío!». Benito tira del contenedor mirando a su madre. «Me parece que vosotros, Estela y Benito, queréis jugar los dos con los módulos y el contenedor. Dejadme que piense y vamos a encontrar una solución juntos para que estéis los dos contentos». Estela escoge una bonita caja y se la ofrece a su primo. Benito acepta. La madre de Benito le pregunta: «¿Quieres jugar a meter módulos en la caja? Y tú, Estela, tú tienes muchos módulos, ¿quieres dejárselos a tu primo y quedarte con tu contenedor transparente? ¡Muy bien! Habéis encontrado una solución al problema». La madre de Benito felicita a los niños que, cinco minutos más tarde, todavía están divirtiéndose juntos.

Se podrían proponer otras soluciones a los niños: que la persona adulta encuentre otro contenedor y pequeños objetos para meter dentro, que enseñe a los niños cómo ir poniendo los módulos cada uno por turno, que un temporizador indique el turno de cada uno o también que tome de la mano a Benito sugiriéndole jugar a otra cosa. Es importante prever lo que va a hacer el que espera su turno durante este tiempo.

La resolución de conflictos en los niños *mayores* de 3 años

Hasta los 4 años los niños no pueden aprender las etapas de la resolución de conflictos, pero los niños de 3 años tienen capacidad lingüística lo que, de algún modo, les permite participar activamente en la definición del problema. Sin embargo es un gran reto para ellos escuchar las necesidades y las emociones de los otros. En cuanto a los niños de 4 años, saben expresar lo que quieren, escuchan al otro, pero a veces recurren a las amenazas («si..., no juego contigo; si..., no serás mi amigo»), y a la agresión (empujar al otro mientras se expresa).

Hacia los 4-5 años, a la expresión de sí mismo y a la escucha del otro, se yuxtapone progresivamente la capacidad de concebir soluciones de forma autónoma, en la medida en que el niño ha tenido la suerte de observar y practicar tácticas de resolución de problemas con la ayuda del adulto. Además, entre los 4 y 6 años los niños comprenden que los otros pueden pensar y sentir de una manera diferente a la de ellos.

Existen varios modelos de resolución de conflictos. La mayor parte de los modelos siguen estas etapas:

1. Definir el problema.
2. Encontrar soluciones.
3. Prever las consecuencias.
4. Escoger una solución.
5. Evaluar los resultados después de llevar a la práctica la solución escogida.

Alba, de 4 años y medio, se ha instalado en el sofá del salón con su muñeca. Ocupa casi todo el sitio. Su hermano de 6 años, Nicolás, quiere ver un programa de televisión. Extiende sus piernas en el sofá y hace caer a la muñeca. Alba se enfada, extiende las piernas y le da una patada a su hermano, que responde enérgicamente. Alba llora. Nicolás la llama bebé. Llega mamá.

Mamá: ¿Qué pasa?

Alba llora y grita: No es verdad, yo no soy un bebé.

Mamá aconseja a Alba que respire para calmarse y poder hablar.

Mamá: Vale, Alba. Ahora decidme lo que ha pasado. Uno después de otro.

Nicolas: Alba ha ocupado todo el sitio. No puedo ver mi programa de televisión.

Alba: Nicolás ha hecho daño a mi bebé con los pies. Yo estaba antes que él.

Nicolás: Alba me ha dado una patada.

Alba: Tú no querías apartarte. Me ha dicho que yo era un bebé.

Mamá: Alba, estás triste porque tu muñeca se ha caído y te disgusta que él te llame bebé. Y a ti, Nicolás, te molesta que tu hermana ocupe todo el sitio en el sofá durante tu programa preferido. Los dos queréis ocupar el sofá, pero con la muñeca y las piernas de Nicolás, no es posible. Yo no consiento que os empujéis ni peguéis. Tengo miedo de que os hagáis daño. ¿Qué se os ocurre para que podáis hacer los dos vuestra actividad sin pelearos?

Nicolas: Alba podría irse a jugar a su habitación.

Alba: No, yo quiero acostar a mi bebé aquí. Nicolás podría irse al sillón para ver la televisión.

Nicolás: No, no veo bien la pantalla cuando me siento allí. Que se vaya ella al sillón con su bebé; hay bastante sitio para acostar a su bebé.

Alba: Hay otra televisión en el sótano.

Nicolas: No. Quiero quedarme aquí. No me gusta estar abajo yo solo. No es buena idea. Si Alba se sienta en el borde del sofá con su muñeca en las rodillas, yo podría poner mis piernas así (doblando las rodillas).

Mamá: Podéis probar para ver si hay sitio. Puede ser que tu bebé durmiera mejor en los brazos de su mamá.

Alba: Sí, está fenomenal. Mi muñeca va a dormir en mis brazos.

Mamá: Muy bien, habéis encontrado una solución. Estoy en el despacho si me necesitáis.

La madre hubiera podido sugerir otras soluciones. Por ejemplo: «¿Os acordáis de cómo nos sentamos vuestro padre y yo en el sofá, para ver una película?». O también habría podido quitar los cojines para dejar más sitio. Al decir que está disponible, la madre anima a sus hijos a llamarla y a que no arreglen los problemas violentamente. Con la práctica, los niños irán resolviendo poco a poco sus conflictos sin su ayuda.

Errores corrientes de los adultos que intervienen

El deseo de evitar las disputas lleva a veces a los mayores a arreglar enseguida el problema diciendo al niño lo que tiene que hacer. Los niños tienen una cierta necesidad de ser guiados y apoyados para aprender, pero también han de tener ocasión de pensar por sí mismos. La enseñanza tiene ante todo por objetivo ayudar a los niños a practicar y a saber cómo reflexionar, y no en qué reflexionar. Por lo tanto, lo esencial reside en el proceso reflexivo y no en el resultado de esta reflexión. Cuanto más se apropian los niños del proceso, más a gusto se sienten y son capaces de utilizar mejor las estrategias de cada etapa aplicándolas espontáneamente y de forma autónoma. El procedimiento supone primeramente que el niño exprese él mismo su opinión acerca de la situación problemática, a fin de evitar una mala interpretación del adulto. Esto exige también una escucha condescendiente por parte del adulto que, aunque las ideas puedan parecerle descabelladas, debe analizarlas antes de rechazarlas.

Por ejemplo, si un niño sugiere empujar al que ocupa un sitio que él desea, el adulto evitará rechazar esta idea a priori. Más bien explorará la sugerencia con el niño. «Si empujas a Alex, ¿qué pasará?» o «¿Qué te hará él?». El niño toma entonces conciencia del impacto de la acción que ha propuesto e intenta encontrar otra idea. Este ejercicio desarrolla su capacidad para anticipar las consecuencias de las soluciones que él considera. Además los niños aprenden mejor los efectos de sus opciones cuando se les deja experimentar sus consecuencias (salvo en el caso en que el resultado pudiera ser peligroso). Es preferible evitar las reprimendas cuando no se puede conocer al autor. «No sé quién ha empezado o quién ha hecho tal cosa, pero, ¿qué vamos a hacer ahora para acabar con la disputa o para remediar esa equivocación?». Buscar al culpable no favorece la indagación del problema.

Por otra parte, la cuestión «por qué» utilizada a menudo, orienta a veces la discusión hacia actitudes defensivas, mientras que hablar de lo que ha pasado invita al enunciado de los hechos y de lo que ha percibido cada uno. Hay que evitar también intervenir buscando una solución para uno de los dos niños. Se evita esta trampa preguntando a los dos por turno, cuando se trata de situaciones conflictivas.

Tanto en la familia como en la escuela se dan numerosas ocasiones de apoyar a los niños en estos procesos de resolución pacífica de los conflictos. Los dos mayores obstáculos a este proceso son la falta de disponibilidad de los adultos y el humor, bueno o malo, de los niños y de los adultos. Es poco realista imaginar que, a cada conflicto, el profesorado o los padres van a emprender sistemáticamente un proceso de negociaciones. Nuestro ritmo desenfrenado nos quita demasiado tiempo y, a veces, hasta la paciencia para llegar a esto. Además, si los niños son de carácter difícil o están demasiado enervados, es mejor prever un tiempo de pausa para calmarse, y seguir después de la tempestad preguntándoles qué otra cosa hubieran podido hacer que no fuera pelearse.

11. Técnicas para favorecer el autocontrol

El niño no se está quieto

¡Para el pequeño estar en movimiento es estar vivo! Es explorar activamente su entorno y descubrir a los otros con su cuerpo y sus sentidos. Primeramente, el niño adquiere habilidades mediante el movimiento. El hecho de agitarse y moverse mejora sus acciones, le permite coordinarlas mejor. Al manipular los objetos, al principio torpemente, después con soltura, aprende a lanzarlos y a depositarlos. Al correr refuerza sus músculos y llega a mantenerse en un solo pie; después a saltar con los pies juntos. Hacia los 3 o 4 años, coordina mejor sus movimientos. Además de ser un explorador activo, se hace un ser competitivo. ¡Más lejos! ¡Más rápido! ¡Más alto! En adelante el niño se compara y quiere distinguirse.

Poco importa su cansancio o sus limitaciones, el niño no para. Aunque, desde los 2 años, desea actuar de forma autónoma, todavía necesita al adulto para que le ayude a frenar sus impulsos motores. Algunas veces, una sola mirada reprobadora es suficiente para detenerlo, porque entre los 2 y los 3 años, empieza a utilizar las indicaciones sociales para orientar su conducta. A esta edad puede generalizar las reglas que se refieren a las prohibiciones relativas a los objetos, pero tiene dificultades para reubicar una regla que está asociada a una situación concreta. Así, prohibirle jugar con el mando de la televisión servirá también para limitar su acceso al del DVD. Por el contrario, el niño de 24 a 36 meses comprende difícilmente que hay que hablar bajito cuando visitan al abuelo, o cuando está junto a la cuna del bebé. Sin embargo, a los 4 años, el niño dice espontáneamente y en voz baja: «shisss, el abuelo está durmiendo».

A los 3 ó 4 años se observan progresos en la capacidad del niño para controlarse. El pequeño utiliza su lenguaje interior para acordarse de las reglas, prueba una o dos soluciones antes de reaccionar a la frustración. Su capacidad creciente para evaluarse le permite modificar y regular sus comportamientos.

El hecho de que un niño se mueva y esté activo es, pues, un signo de vitalidad. A veces, los impulsos motores de los niños van acompañados de una excitación difícil de contener, ya que el niño está invadido por su emoción y es demasiado inmaduro para dominar su entusiasmo o su frustración. El desarrollo de los mecanismos de autorregulación se inicia al final del primer año y se completa hacia los 12 años, aunque algunos elementos continúen evolucionando en la edad adulta. Sin embargo, los mayores cambios sobrevienen de los 2 a los 5 años. Estos mecanismos de autorregulación permiten al niño controlar sus impulsos, tolerar algunas frustraciones y esperar. Es posible estimular el desarrollo de las habilidades que conlleva este autocontrol, pero primero hay que hacer que el niño tome conciencia de sus actos para entrar en relación con otros y gozar plenamente de la vida sin derrapar.

¿Por qué no puede parar?

La excitación puede tener diferentes causas. El cansancio disminuye la capacidad de escucha del niño que va de un lado a otro, como una mariposa, desentendiéndose de los mensajes del adulto. A veces, el niño se sobreexcita por la coacción que ejerce el adulto cuando exige de él atención e inmovilidad. Él expresa entonces su atención agitándose y gritando. El movimiento es un liberador de tensiones.

Eduardo es un ejemplo: este niño muy «movido» tiene necesidad de tocar y de manipular los objetos para descubrirlos. Asimismo se muestra muy exuberante, vive intensamente todas sus emociones y se entusiasma ante los descubrimientos. No obstante, las actividades que le proponen en la guardería (manualidades, cuentos, rompecabezas) no le permiten liberar su exceso de energía. Da saltitos, desplazándose, empuja a los niños de su grupo gritando de placer al salir al recreo. Lo mismo sucede después de llevarlo en el coche. Esos largos minutos que pasa sentado se satisfacen con una carrera desenfrenada desde el aparcamiento hasta la casa. El ejercicio físico le permitirá canalizar su exceso de energía, estar más atento.

El estrés inherente a nuestro ritmo de vida influye también a los niños que, como esponjas sensoriales, captan el nerviosismo de los adultos y lo reproducen a su modo. En situaciones de angustia e inseguridad, algunos niños reaccionan con un exceso de agitación corporal (Ifergan y Etienne, 2000). Cambio de casa, nacimiento, enfermedad, muerte, conflictos conyugales o conflictos internos provocan inseguridad en el niño, que se defiende así.

Luis observa a su mamá que pone el pañal a su hermanita. Cuando la madre se vuelve y lo mira, él lanza un juguete y corre por la casa. Ella le persigue entonces para reñirle. Él se da cuenta de que ella corre con él y se divierte mucho. Su mamá dice de él que nada le detiene y que la agota. Luis ha tenido que inventar trucos para llamar su atención.

Algunos niños han comprendido que su excitación suscita el interés de los adultos, mientras que los comportamientos menos molestos pasan desapercibidos. Además, papá y las personas del colegio no le ven actuar con estos comportamientos tan exagerados. No se trata, por consiguiente, de una reacción a la angustia, sino más bien de una llamada de atención a su madre que está muy ocupada.

Se ha constatado también que un funcionamiento familiar no lo bastante seguro o sin reglas estables lleva a los niños a sobreactuar. Los niños tratan entonces de tantear los límites para asegurarse de que existen barreras de los padres para protegerlos de ellos mismos y del entorno.

Sarah Landy pone de relieve una constatación, resultado de varios estudios: cuando, para conseguir la obediencia, las madres ejercen una disciplina demasiado dominante, los niños tiene dificultad para ser disciplinados. Se puede suponer que para obrar dependen de reacciones agradables o desagradables del entorno. No desarrollan una inhibición interna para controlar su comportamiento, puesto que la obediencia no está condicionada por habilidades personales o sociales, sino más bien por el temor a las reprimendas. Por el contrario, el niño debe tomar conciencia de que puede dominar su cuerpo y no quedarse convencido de que es torpe y sometido a sus impulsos.

No hay que olvidar el rápido desarrollo del cerebro durante los primeros años de vida. Gracias a la reflexión, el niño llega a superar el ciclo rápido de emoción-reacción o de frustración-reacción. Reflexionando sobre las consecuencias de sus actos, anticipando los resultados de sus opciones, planificando estrategias eficaces, el niño llega a superar el reflejo que le induce a agredir o agitarse. El proceso de «cableado» de conexiones neuronales se da a lo largo de toda la vida, siendo más intenso de 3 a 12 años, paralelamente al mecanismo de poda, que permite eliminar las informaciones inútiles. Una zona del cerebro sirve de apoyo a la regulación de las conductas: se trata de la parte frontal y prefrontal. En esta zona frontal y prefrontal se desarrollan las funciones ejecutivas que conciernen a la inhibición, a la memoria de trabajo y a la organización de los datos, permitiendo escoger una táctica apropiada para emitir una respuesta adecuada. Puesto que podemos recurrir a estas funciones para reflexionar sobre nuestras acciones, su inmadurez explica el carácter rápido e impulsivo de las reacciones de los pequeños. Pero es posible proponer a los niños actividades que estimulen estas funciones.

Por último, hay que reconocer que algunos niños tienen una propensión a ir por delante, a actuar espontánea y rápidamente, mientras que otros son más reservados y dudan en actuar. El temperamento influye también en la velocidad de la reacción.

Las funciones ejecutivas en la autorregulación de las conductas

Estas funciones son útiles para la gestión de las conductas, tanto en las relaciones sociales como para la ejecución de una tarea. La disminución del recurso a la agresión física se asocia con el desarrollo de las funciones ejecutivas, porque los niños utilizan estas últimas para regir su conducta. No solamente las funciones ejecutivas facilitan la modulación de las conductas, coordinando y supervisando los esfuerzos de planificación, de control y de toma de decisión con el fin de producir un comportamiento adaptado a una situación dada, sino que estas funciones son también reconocidas como factores de éxito escolar al igual que el dominio del lenguaje (Duclos, 2008).

El autocontrol supone capacidad para dominarse, actuando de forma autónoma y reflexionando antes de actuar. Son varias las funciones que atañen a este proceso como se detalla en el cuadro que sigue, en el que un niño, Enrique, realiza una visita.

Gracias a estas funciones, Enrique ha sido capaz de inhibir un comportamiento inapropiado (golpear en la puerta), esperar la presencia de su tío para proseguir la visita, planificar las etapas de su dibujo, acordarse de una caída que había sufrido al jugar en el tobogán y servirse de este recuerdo para detenerse en su deseo de deslizarse por el poste de descenso de los bomberos.

La autorregulación permite pues gestionar voluntariamente la atención concentrándose a pesar de las distracciones (regulación de la atención), dominarse, inhibiendo un acto o modificándolo (no tocar o andar en lugar de correr) y escoger una actividad adecuada o hacer una tarea fastidiosa que se exige en un determinado contexto. Este dominio de sí mismo exige un esfuerzo mantenido para la socialización del niño y la maduración del cerebro. Por eso, nuestras exigencias hacia el niño tienen que adaptarse a sus posibilidades reales de autocontrol, teniendo los pequeños más necesidad de apoyo del adulto para conseguirlo.

De este modo la visita al parque de bomberos se habría desarrollado probablemente de otra manera si el pequeño invitado hubiera tenido 2 años. Es verdad que a los 2 años los niños son capaces de esperar, pueden quedarse tranquilos ante determinadas situaciones, aprenden poco a poco a responder a las demandas externas y a veces toleran la frustración; sin embargo hasta los 3 ó 4 años les resulta siempre difícil inhibir una acción ante cualquier estímulo interesante, o encontrar estrategias para controlarse y dominar sus pulsiones agresivas.

PROCESO DE AUTORREGULACIÓN O AUTOCONTROL	
Situación	**Funciones ejecutivas**
Enrique visita el parque de bomberos de su tío Pedro. Su tío le invita a explorar el parque y a cambio le pide un dibujo para decorar su lugar de trabajo.	– Selección de un objetivo.
Enrique está muy emocionado; está ansioso por deslizarse por el poste de bomberos y ponerse el traje de bombero.	– Anticipación.
Su padre y su tío le ayudarán.	– Formulación de hipótesis.
Quiere verlo todo: el vestuario, el garaje, los camiones, el dormitorio y, naturalmente, el despacho de su tío.	– Planificación de etapas a seguir para alcanzar un objetivo.
Después podrá escoger lo que va a dibujar.	– Medios para alcanzar su objetivo.
Papá y Enrique llegan al punto de destino. Enrique está muy nervioso. Corre hacia la puerta del parque y da unos golpes con el puño. Su tío le mira por la ventana de la puerta y le dice que abrirá cuando deje de golpear. Hay que tener calma. Enrique se para, su padre le anima a calmarse. Enrique mete las manos en sus bolsillos.	– Capacidad de adaptación. – Modificación de su forma de comportarse para conseguir su objetivo.
Es difícil, porque tiene muchas ganas de tocar todo, pero cuando ve el poste para descender, se precipita y mira hacia abajo.	– Inhibición (capacidad para detenerse o contenerse).
«¡Uy! ¡Qué peligroso es! Si me deslizo y me caigo, me haré daño, como el otro día en el tobogán del parque.	– Anticipación del resultado. Memoria de trabajo (recuerdo de un suceso pasado).
No, no es buena idea lanzarme por el poste».	– Autocrítica.
Enrique espera a su tío y prosigue la visita. Se instala en la mesa de la cocina para dibujar un camión. Busca un lápiz rojo sin resultado.	– Resolución de un problema.
Decide utilizar el lápiz naranja, después el negro para las ruedas del camión. Después hará las grandes puertas.	– Planificación.
Es difícil continuar dibujando cuando los amigos de tío Pedro vienen a meterse con él.	– Perseverancia.
Entrega su dibujo, Pedro lo pone en la cocina. Todos los bomberos lo verán. Enrique está orgulloso.	– Autoevaluación.

Hacia los 3 ó 4 años, el niño resiste mejor la distracción, puede ejecutar consignas más complejas, (por ejemplo, las que abarcan varias etapas) y es cada vez más autónomo para encontrar soluciones a los problemas cotidianos. Su capacidad para la espera y las frustraciones aumentan. No obstante, cuanto más grande es la emoción que la situación suscita en él, más dificultad tiene el niño para reflexionar.

El niño de 2 años necesita un freno externo para ralentizar su impulso motor cuando, por ejemplo, se lanza a acariciar al perro del vecino. Incluso un niño de 3 años y medio, cuando se excita por un juego, tiene dificultades para bajar él mismo su tono de voz.

Enseñar técnicas de autocontrol

Desarrollar el autocontrol, es estimular las aptitudes intelectuales que permiten reflexionar antes de actuar. La reflexión se apoya en la capacidad del niño para representarse mentalmente una situación. Por tanto es posible llevar a la práctica situaciones de aprendizaje que favorecen en los niños el desarrollo de tácticas de distanciamiento. Este fenómeno crea una separación entre la realidad inmediata, unas veces excitante, otras frustrante, y la reacción del niño. Esto frena la impulsividad o la respuesta irreflexiva. Se explica esta realidad por la conexión entre el lóbulo frontal y el sistema límbico responsable de las emociones, llamado también cerebro emotivo.

Estas situaciones de aprendizaje apuntan a:

- La práctica de las atribuciones causales (¿por qué?).
- La anticipación, la formulación de hipótesis (¿qué crees que va a pasar?).
- La exposición de soluciones alternativas a fin de desarrollar un repertorio variado de tácticas (¿qué podríamos hacer?).
- La memorización (¿te acuerdas de lo que le ha sucedido al osito en la historia?).
- La planificación (¿cómo lo vamos a hacer?).
- La evaluación o la comprobación (¿era una buena idea?).

- La práctica de «pensar en voz alta».
- La práctica de los modelos propuestos por el adulto (haz como yo: ya sabes, cuando me pongo demasiado nervioso, me siento y respiro).
- La capacidad de decidir o de elegir.
- La clasificación (¿buena idea o no?).
- La expresión de sí mismo, de sus ideas y de sus sentimientos.
- La identificación del problema (¿qué es lo que no va bien?).

Para inducir al niño a responder a estas cuestiones, se pueden usar situaciones de la vida corriente; los cuentos, las marionetas, etc., en las que podemos utilizar las distintas técnicas que siguen a continuación.

Aprender a reconocer su excitación

Una primera técnica consiste en hacer que el niño tome conciencia de que está excitado. A la mayor parte de los niños pequeños les resulta difícil hacer la distinción entre la excitación y la calma. Unas veces, correr es estar excitado, otras, es divertirse. Necesitan ayuda para captar los mensajes que su cuerpo les envía y para aminorar su «pequeño motor».

Cuántas veces se puede presenciar la siguiente escena: se invita a un niño a que se siente para calmarse, pero él grita, desgañitándose, agitando frenéticamente sus pies: «¡Estoy tranquilo! ¡Ahora quiero jugar!». El adulto debe ayudar al niño a reconocer cuando tiene que ralentizar. Aquí tenemos algunas tácticas para evitar la excitación:

- Utilizad un estetoscopio de juguete para escuchar su corazoncito embalado.
- Poned un pañuelo de papel delante de su boca. La respiración mueve el papel. La inspiración lo atrae hacia la boca, la espiración lo rechaza ligeramente. Cuánto más rápido se mueve el papel mayor es la excitación.

- Que el niño advierta que cuando corre, se cae o choca con otros objetos o personas, es el momento de ralentizar su «pequeño motor». Él es quien conduce «su coche» y quien puede determinar su velocidad.
- Observad su forma de reaccionar a la excitación: ¿salta sobre su asiento, brinca por la casa, tiene tendencia a gritar o a tirar lo que encuentra o incluso a agarrar muy fuerte a la persona que hay junto a él? Haced que se dé cuenta: «Estás corriendo por toda la casa, creo que estás excitado porque...».
- Enseñad al niño que el hecho de estar distendido significa que su cuerpo está inmóvil y blando como una muñeca de trapo o unos espaguetis cocidos. Entonces se practica la posición crispada, tensa, rígida, de la muñeca de plomo o del tallarín crudo, después se alterna adoptando la posición blanda y distendida de la muñeca de trapo, doblada y maleable, o de la pasta blanda cocida.
- Contadle al niño vuestra forma personal de expresar vuestra excitación: «Yo, cuando estoy nervioso, lo hago todo más rápido o tengo que contárselo a mis amigos».

Aprender a detenerse, a frenar sus impulsos motores

El niño ejerce un primer control auténtico sobre su cuerpo cuando evoluciona. Con el tiempo él se va concienciando de que algunos comportamientos son aceptados y otros son rechazados, como lanzar objetos o hacer daño a otro. Esta interiorización de las reglas sociales se efectúa progresiva y paralelamente a la capacidad de inhibir determinados actos: el niño aprende a detenerse, a sentarse y a hablar en voz baja. No obstante, no se puede esperar que un pequeño de 2 ó 3 años razone y deje de correr por sí mismo. El adulto debe recordarle que haga la tortuga, que camine como un ratón o, simplemente, ponerle la mano en el hombro.

En primer lugar, las expectativas deben ser claras. La calma puede tomar diferentes formas: sentarse a comer, andar por la clase, hablar tranquilamente o tenderse para la siesta, etc. Cuántas veces una maestra se queda ronca gritando: «¡Tranquilos, chicos!», sin ningún resultado, mientras que otra consigue disminuir el ruido y la excitación en general pidiendo, antes de comer, que los niños se sienten y coloquen la cabeza sobre la mesa para escuchar al «señor Silencio»; los niños, atentos, descubren entonces los ruidos del ambiente o incluso la magia de una historia susurrada en el silencio.

Algunos *medios para favorecer la calma* pueden ser:

- Enseñar al niño a expresar sus sentimientos para eliminar la tensión: «Joaquín, ¡qué contento estás de ir al parque y yo también, yupii!». Para algunos niños será más fácil si se les propone acompañar las palabras con acciones: aplauso para indicar que está «contento» o patear para indicar que está «enfadado».
- Prevenir el «efecto explosivo»: el niño se contiene de tal modo para no moverse que acaba por explotar. Proponed actividades estruendosas, juegos de agua, manipulación de pasta para modelar o de arena, o actividades al aire libre.
- Ayudar al niño a descubrir que es dueño de su cuerpo y que es capaz de detenerse cuando lo decide. Cuando corre, hacedle notar que su corazoncito late deprisa, que sus piernas corren, que su voz grita fuerte, que su respiración es rápida: «¡Estás excitado!». De vuelta a la calma, felicitadle: «Has sido capaz de ralentizar tu pequeño motor. Andas tranquilamente, hablas suavemente. Muy bien, ya veo que eres capaz de calmarte».
- Se pueden proponer actividades que alternen activación y calma: el juego del coche que debe circular en verde, ralentizar con el amarillo y detenerse con el rojo; o también el juego de la estatua, durante la cual el niño baila, se mueve y hace de estatua a una señal; o el juego de «Simón dice…», que ordena correr por turno, andar o saltar, inmovilizarse y gritar o cuchichear. No olvidéis felicitarlo: «Muy bien, has sido capaz de pararte».
- Dar ejemplo mostrando la manera de calmarse. «¡Ah! ¡Qué nerviosa estoy! Había mucho tráfico. Necesito silencio o música suave» o «estoy muy furiosa. Has hecho una tontería muy grande. Deja que me tranquilice. Voy a sentarme para respirar un poco y después vendré a hablar contigo».

- Enseñar al niño cómo respirar lentamente para calmarse. Las imágenes ayudan a recordar la técnica: la mariposa que pliega sus alas hacia el cuerpo, después las despliega hacia fuera, el balón que se hincha o se deshincha; las manos unidas sobre el pecho que se abren con la espiración. Para ilustrar el camino del aire, se puede poner un barquito de papel sobre el vientre del niño que está tendido e incitarle a que haga navegar el barco inspirando y espirando. Incitad al niño a soplar sobre una pelota de gomaespuma, con plumas cosidas y suspendida en el aire, diciéndole que sople suavemente sobre la pelota. Él ve concretamente el efecto del soplo sobre la pelota que oscila y entonces siente el bienestar y la calma que aporta la respiración.

Marian Marion (2003) propone una técnica ligada al poder tranquilizador del soplo: la actividad de las olas suaves. Se trata de pedir al niño que produzca olas suaves en un recipiente de agua transparente.

Aprender a esperar

La espera forma parte de la vida del supermercado: unas veces en la caja para pagar la compra, otras cuando la comida no está preparada del todo, otras cuando la maestra tiene que atender a otros niños, etc.

En el bebé sólo la presencia de la tetina o del pezón en la boca calma el llanto y provoca la succión. Cuando tiene apenas 1 ó 2 meses, el pequeño deja de llorar cuando su mamá lo toma en sus brazos para darle de mamar. Hacia los 4 meses, deja de llorar pidiendo su leche cuando oye a su mamá decir: «¡Voy a preparar tu biberón, vida mía!».

Y aunque sea pequeño, el bebé ya es capaz de percibir la serie de acciones que van ligadas a su realidad. Por su parte, la mamá realiza siempre los mismos actos en el mismo orden: cuando su bebé llora, le cambia el pañal, le promete el biberón, coge el biberón y lo calienta, toma en brazos a su bebé y le da el biberón. El carácter estable y previsible de esta sucesión de actos permite al niño anticipar la satisfacción de su necesidad. Además, el bebé adquiere un sentimiento de seguridad y de confianza hacia el adulto, porque sabe que su necesidad de alimentarse quedará satisfecha.

Al mismo tiempo se aprende a esperar gracias a lo previsible de esta serie de acciones. Así, en la guardería, se ve a los niños de 1 año acercarse a su silla alta cuando la educadora empieza a recoger los juguetes, porque saben que enseguida será el momento de comer. Cuanto más estables y previsibles son estas rutinas, más capaz es el niño de comprender la noción de antes y después.

De los 18 meses a los 2 años, cuando dice sus primeras palabras, el niño pequeño empieza a comprender las nociones de antes y después: es capaz de representar mentalmente la realidad y de ordenar los sucesos rutinarios en el tiempo. Por ejemplo, cuando juega a la mamá que arropa a su bebé, se acuerda de cómo sus padres han cuidado de él. Habla con su bebé, le canta canciones de cuna, le da el biberón. Con este juego realiza una serie de acciones que se siguen en un orden lógico. Hacia los 4 años es capaz de comprender qué viene primero y qué pasa al final.

Aunque el bebé es capaz de prever una situación observando las acciones que preceden o que siguen a una determinada acción, no deja de ser difícil para él evaluar la duración exacta. La manera en que él percibe la duración está influenciada por lo que siente durante la espera.

Antes de los 7 u 8 años, en el momento en que él adquiere el pensamiento lógico, el niño es incapaz de evaluar objetivamente el tiempo en minutos, horas, días, meses y años. Incluso después de esta edad, durante la edad adulta, la percepción del tiempo varía según las pulsiones y los humores sentidos durante la espera. Cuantos más esfuerzos tenga que desplegar el niño para frenar sus pulsiones, más largo le parecerá el tiempo de espera. Encontrará mucho más difícil esperar su turno para tener acceso a la nueva piscina de bolas, que en el viejo tobogán del patio. Incluso en el momento de reunirse con el grupo de amigos del colegio, después de las vacaciones por las fiestas, estará más impaciente por contar lo que le han regalado en Navidad, que por hablar el lunes por la mañana de sus actividades del domingo. Sin embargo, el segundo tema puede también suscitar impaciencia en algunos niños. Por ejemplo, si uno de ellos ha ido a pescar por primera vez, estará nervioso hasta que no haya contado sus aventuras a los amigos. Incluso a los adultos, les parece más corta una actividad divertida que una actividad poco interesante de la misma duración. El tiempo es una percepción subjetiva. Cuanto más pequeño es el niño más claro es esto.

Por consiguiente hay que considerar tanto la duración de la espera como la *percepción* de esta duración. Hay que tener en cuenta entonces la naturaleza de la demanda. ¿Se trata de la expresión de una necesidad a la que el adulto debe responder en un tiempo razonable? ¿O de un deseo al cual el adulto puede responder haciendo vivir una espera, o simplemente denegarlo?

La pequeña Flora se impacienta antes de comer, quizá sea su forma de expresar el hambre. Si, después de que se le han ofrecido verduras, exige que se le dé primero pastel de chocolate, su mamá no está obligada a responder a este deseo. Pero puede hablar de este deseo, lo que no desprecia su hija, y le permite imaginar el placer pendiente: «Es verdad, Flora, huele bien este pastel. Mira, vamos a cortar un trozo para tu postre».

Algunos padres no le dan ocasión al niño para que se acostumbre a esperar; como tienen poca relación con niños, suelen tener tendencia a responder inmediatamente a sus demandas. Confunden necesidad y deseo. Además, en nuestra sociedad occidental donde el ordenador, la tele y los videojuegos abundan en muchas familias, la práctica del reparto y de la espera para obtener algo se hace rara. Pero a esperar se aprende, esperando.

Ante la impaciencia del niño hay dos reacciones extremas: reaccionar demasiado deprisa o reaccionar con demasiada lentitud. Si los padres responden con excesiva rapidez a los deseos del niño, les impiden aprender a esperar y a adquirir mecanismos útiles de adaptación. De hecho, en la vida rara vez se obtiene inmediatamente lo que se desea; pero si se hace esperar demasiado tiempo al niño, su deseo corre el riesgo de languidecer o de apagarse. Todos recordamos haber deseado algo durante mucho tiempo en nuestra infancia.

Cuando no se responde inmediatamente a una necesidad o a un deseo del niño, mejor que darse por satisfechos denegándolo, es bueno expresar con palabras lo que el niño siente. Se le puede decir, por ejemplo: «Ya sé que estás decepcionado porque no puedes salir a jugar enseguida, pero primero hay que esperar a que yo termine de recoger la mesa» o «es difícil para ti esperar, pero yo sé que puedes». Asimismo, si no se le puede dar la bicicleta inmediatamente al niño, se le puede pedir que nos describa lo que ve en sus sueños. El hecho de hablar hace que la espera le resulte más soportable.

De este modo la mamá no frustra a su hijo acabando sus dos bocados antes de servir el postre o diciéndole que ella no puede escucharle ahora porque está hablando con su padre. Al contrario, ella le está dando muestra de que sabe que él es capaz de esperar. También es importante ofrecer al niño señales temporales concretas para medir el tiempo de espera: «Te voy a leer un cuento después de este programa», «podrás dormir tu siesta cuando hayas terminado el ejercicio», «te vamos a escuchar después que a Julio y antes que a Vicente», «puedes jugar hasta que la aguja grande del reloj esté encima del tres», «mira el calendario, hoy te toca a ti utilizar el ordenador, mañana le tocará a tu hermano», etc. Este tipo de «apoyo» ayuda al niño a estructurar su percepción del tiempo, dándole la completa sensación de que el reparto de turnos es equitativo. El niño se muestra más paciente y capaz de diferir el placer inmediato, cuando puede anticipar la satisfacción y evocar mentalmente la gratificación por haber conseguido lo que desea.

El adulto puede sugerir al niño que juegue con otra cosa o que esté ocupado mientras espera. Por otra parte, las investigaciones que han demostrado que los niños que saben controlarse utilizan tácticas para dejar de pensar en el objeto deseado, mientras que los que poseen menos habilidades para dominarse se quedan centrados en el objeto deseado.

Algunas *actividades ayudan al niño a esperar su turno*. A continuación exponemos las siguientes:

- Juegos de pelotas que se lanzan por turnos (tuyo, mío, con dos personas para pequeños de 2 años o menos, y con varias para los mayores).
- Tener un reloj a la vista para indicar el tiempo que queda en el periodo de juego.
- Actividades manuales con un solo bote de cola para un grupo de niños, o compartir lápices de colores (una sola caja por cada mesa de la clase).

- Juegos de cocina donde el niño da de comer por turnos a la muñeca, al oso y al bebé.
- Juegos de bolos (botellas de plástico vacías y pelota), en que los jugadores lanzan la pelota y reemplazan los bolos por turnos.

Para ayudar al niño a que acepte la espera, el padre tiene que ofrecerle ante todo un medio estable y armonizado en que se desarrollen las actividades habituales. Pequeños actos sencillos, adaptados a la edad del niño, le ayudarán progresivamente a aprender a esperar.

Ayudar al niño a que hable de su impaciencia, valorar su capacidad de esperar, enseñarle a adaptarse a la espera, es darle medios para vivir en sociedad. Ya sea esperando su turno antes de coger el juguete que desea o incluso teniendo paciencia hasta que un compañero le ceda la palabra, el niño desarrolla progresivamente su sensibilidad hacia el otro y descubre la noción de reciprocidad.

Aprender a escuchar

En una conversación participa el que habla y el que escucha, por lo tanto el que espera su turno para tomar la palabra (alternancia). La escucha atenta va acompañada generalmente de la mirada, del contacto visual. Escuchar no es sólo una habilidad social para el mantenimiento de los lazos interpersonales, sino que es también una necesidad para aprender, especialmente en el medio escolar.

John Cooper (2006) habla de un sondeo realizado con los profesores en el cual el 35 % de ellos «declaran perder de una a cuatro horas a la semana a causa de los niños que no escuchan».

Ante un niño que no escucha, hemos de preguntarnos primeramente si hay problemas de audición. Si habla fuerte, si no reacciona cuando le llamáis, si aumenta el volumen de la radio o de la televisión o se coloca muy cerca del aparato, se debe acudir a un especialista. Sin embargo, estas dificultades no afectan más que a una minoría de niños.

La familia de Julia está reunida alrededor de la mesa. Eduardo, de 6 años, está contando un suceso que se ha producido en el patio de la escuela. Desde la superioridad de sus 3 años, Julia, grita: «¡Yo también quiero hablar!». Cuando su padre la invita a esperar a que su hermano acabe el relato, sigue repitiendo «¡Papá, quiero hablar!» con una voz cada vez más estridente. El padre le dice que espere, indica con su índice el reloj y mira con mucha atención a Eduardo, ignorando a Julia. Cuando Eduardo termina de hablar, su papá se vuelve hacia ella y le dice: «Ahora te miro y te escucho. Te toca hablar a ti».

Esta actitud benevolente de escucha atenta ofrece un buen modelo al niño. Al mirarle cuando habla, dando muestras de atención con gestos o palabras de asentimiento (movimientos de cabeza: «¡Ah, sí! ¿Y qué has hecho tú?») se ejemplifica lo que es una escucha atenta.

Fragmentad vuestra demanda en diferentes etapas, para dejar claras vuestras expectativas. Por ejemplo, cuando se pide al niño que se prepare para comer, se desea que deje de jugar, que se lave las manos y que venga a sentarse a la mesa. Por otra parte es necesario felicitar al niño después de realizar cada etapa, a fin de que él interiorice la consigna y ejecute el conjunto de forma autónoma.

Otras *actividades para fomentar la escucha* son:

- Inventar historias durante la lectura. Hacer preguntas (¿qué ha dicho?).
- Utilizar CD que reproduzcan sonidos de animales, de la naturaleza, ruidos de la casa, etc. Hacer adivinar de qué se trata. Algunos de estos juegos contienen también imágenes que ilustran los sonidos. Se puede hacer el mismo juego con ruidos que produce el aldulto (golpear con las manos, hacer que suene un timbre).
- Practicar el turno de palabra al final del día, pidiendo sistemáticamente a todos que hagan un relato de su jornada.
- Aprovechar las reuniones de niños (fiesta en el colegio, reunión familiar, etc.) para preguntar a cada niño, por turno, cuál es su comida favorita, su animal preferido o cualquier otro objeto

susceptible de interesarle. Si llega el caso, utilizad la varilla para ceder la palabra indicando el turno del siguiente.

- Reproducir ritmos.
- Repetir la última palabra de vuestra frase.
- Jugar al teléfono con uno de juguete.
- Pedir que repita lo que se le acaba de preguntar, cuando el niño se muestra demasiado excitado.

Cómo reaccionar ante la excitación excesiva

A Manuel acaban de regalarle un balón. Su padre le explica que es para jugar en la calle, que no quiere que lance el balón en la casa. «Quiero probar a sentarme encima», replica Manuel. «Puedes sentarte, pero está prohibido lanzarlo en casa». Pero la tentación es demasiado fuerte, Manuel lanza el balón entre los muebles del salón, después por el pasillo. Su padre le ordena que pare inmediatamente. «¡Sólo estoy jugando», grita Manuel, lanzando de nuevo, ¡Aúpa! ¡Aúpa! Ríe, se divierte, tira una lámpara, da con su frente contra la mesa del comedor. Es tal su estado de ansiedad que se acerca a las escaleras del sótano. Nada le detiene, ni siquiera la posibilidad de caer por los escalones. Ya no está en posesión de sus capacidades. Su padre se coloca delante de él para detenerlo. Él se contorsiona para evitarlo y salta de nuevo. La llamada al orden no es suficiente, está alterado. Entonces hay que quitarle el balón, invitarle a que se calme en un rincón indicado para el reposo y pedirle que repita la consigna cuando haya recuperado el control de sí mismo.

«Ya está bien Manuel, te paras ahora o voy a ser yo quien te pare. Está bien, ya veo que sigues saltando como un canguro. Te quito el balón y lo recuperarás cuando estés tranquilo». El padre se lleva el balón. Manuel se retira para mecerse en un rincón tranquilo del salón. En este lugar indicado se puede encontrar objetos reconfortantes (peluche, mascota, sillón, mecedora), un reproductor para escuchar música suave o papel y lápices para exteriorizar las emociones, por ejemplo, dibujando, o arrugando o desgarrando papel de periódico.

Después de algunos minutos, Manuel grita: «Papá, ya estoy preparado. Quiero mi balón». Su padre le da a entender que él sigue gritando y por tanto no está preparado para recuperar su juguete. Manuel hace saltar su peluche, pero acaba meciéndolo. «Papá, lo he comprendido, voy a esperar a estar en la calle para saltar». Su padre le felicita: «Has sabido calmarte, ahora me estás hablando suavemente y veo que te acuerdas de la consigna. ¡Muy bien!».

François Dumesnil (2004) invita a los padres de los niños que pierden el control a que se interroguen en relación a sus actitudes como educadores: «¿Intervengo rápidamente o tengo tendencia a diferir mis acciones? ¿Argumento indebidamente? ¿Tiendo a reaccionar solamente cuando ya no puedo más?».

Si queremos evitar los excesos hay que saber actuar antes de que el niño reaccione excesivamente, y enseñarle así a conocerse y detenerse antes de hacerse daño, hacérselo a otro o estropear los objetos de alrededor.

12. Desarrollo de habilidades sociales

Los educadores pueden orientar a las familias

Los padres y madres de niños en edad escolar ejercen una gran influencia sobre sus pequeños. A medida que el niño va creciendo, las fuentes de influencia se multiplican. Los compañeros de clase, los amigos, los educadores, todos participan en la evolución del niño, en la percepción que tiene de sí mismo. En la primera infancia se ponen las bases de la autoestima. Con la ayuda de sus padres el niño aprende progresivamente a sensibilizarse a los demás y se adapta poco a poco a las exigencias sociales. El niño, aceptado en un grupo de iguales y que se complace con ese contacto, se construye una buena imagen de sí mismo. Es la autoestima social.

El niño socialmente incompetente, el que aborda a los demás bruscamente y que manifiesta comportamientos agresivos como empujar, golpear o gritar para obtener lo que quiere y para expresar su cólera, es rechazado a menudo por el grupo de niños. Los otros le expresan su rechazo cuando él quiere integrarse en sus juegos. Este niño excluido vive en la soledad y, a la larga, desarrollará una identidad negativa.

Favoreciendo el desarrollo de las habilidades sociales de los niños se les inculcan valores de respeto y de participación. Se les ayuda a vivir armoniosamente en grupo y a favorecer un sentimiento de pertenencia. Se están poniendo los cimientos de una buena autoestima.

El hecho de tener amigos protege a los niños ante la aparición de problemas psicológicos y escolares, estimulando el sentimiento de pertenencia al grupo social reunido en el contexto escolar.

De hecho la capacidad para las relaciones personales predice el éxito escolar tanto como las aptitudes intelectuales. Hay estudios que han señalado la importancia de la asociación entre las interacciones positivas de juego con los compañeros y el desarrollo de otras aptitudes, como el aprendizaje de la lectura, mientras que las relaciones menos buenas están ligadas a problemas de memorización, de absentismo escolar y de inadaptación afectiva.

Los padres expresan muchas veces la necesidad de tener instrumentos concretos para favorecer el aprendizaje social de su hijo en casa. En una sociedad donde la escasez de tiempo es un mal crónico, los padres deben poder apoyarse en medios educativos sencillos y rápidos, aunque bien fundamentados.

«Yo ayudo y acompaño a mi hijo»

Con el título «Yo acompaño a mi hijo», presentamos actitudes educativas para adoptar en la vida cotidiana. Los padres y madres están llamados a apoyar a su hijo en el desarrollo de las virtudes sociales durante la comida, al tiempo de irse a la cama, a la hora del baño, durante los desplazamientos en coche o incluso durante los periodos de juego con sus hermanos, sus hermanas o compañeros de su edad.

Con la ayuda de ejemplos concretos tomados de la vida cotidiana, se desarrollan las habilidades sociales, la expresión de las emociones y el autocontrol.

Las actividades que ofrecemos a continuación, pueden ser un buen material de apoyo para los maestros en su tarea de orientar a las familias en la educación de sus hijos.

Ayudo a mi hijo a relacionarse con los demás

Mi hijo aprende a acercarse sin apresurarse, a sonreír y a decir buenos días cuando ve a alguien a quien conoce.

✓ Cuando mi pareja llega más tarde que mi hijo a la hora de cenar, como padre/madre yo doy ejemplo saludando e invitando a mi hijo a hacer lo mismo. Designo el gesto (mimo, besito). «Mira, Ramón, mamá te saluda».

- ✓ Doy el ejemplo de un «buenos días sonriente» cuando un invitado nos visita en casa.
- ✓ Hago notar a mi hijo que el tío Germán saluda al abuelo estrechándole la mano, y a la abuela abrazándola. Julia guiña el ojo a tía Ana, etc. Así le ayudo a aprender diferentes modos de saludar.
- ✓ Aprovecho el tiempo de acostarle para intercambiar agradables mimos con mi hijo. Expreso mi alegría al recibir sus caricias.

Ayudo a mi hijo a saber compartir

Mi hijo aprende a pedir cuando desea un juguete o cuando quiere jugar con sus amigos. Aprende a jugar con otros, es decir, a aceptar la presencia de un amigo en su juego.

- ✓ Para hacer preguntas a mi hijo utilizo la hora de comer. «¿Quieres darme un trozo de pan, por favor?». Así le doy ejemplo de cómo hacer la petición.
- ✓ Felicito a mi hijo subrayando las preguntas que hace para obtener un juguete, una prenda de ropa o incluso un alimento.
- ✓ Propongo a mi hijo que le pida a su hermano, a su hermana, o a un vecino, si quiere jugar con ellos.
- ✓ Utilizo momentos como la recogida de las hojas, la elección del vestido, poner la mesa, llevar las bolsas de las compras, para pedirle: «¿Quieres...conmigo?». Entonces le describo la satisfacción que experimento realizando una actividad con él.
- ✓ Ayudo a mi hijo a hacer preguntas: «Veo que quieres el camión de Enrique. Ven, vamos a pedírselo. Dile: "Enrique, ¿quieres prestarme tu camión?"». Lo felicito por haberlo preguntado y le ayudo a tener paciencia: «Ya ves, Enrique te ha oído. Cuando termine, te prestará su camión».
- ✓ Hago notar a mi hijo que su amigo se acerca sonriendo: «Mira, Mateo, tu amigo se acerca a ti y señala tus construcciones. Quiere jugar contigo».

Enseño a mi hijo a expresar su alegría

Mi hijo aprende a reconocer la alegría asociando la sonrisa a esta emoción. Aprende a decir «estoy contento» cuando salta, grita o se excita ante una situación que le produce mucha alegría.

- ✓ Cuando mi hijo grita, salta de alegría, aprovecho la ocasión para describir su comportamiento y la emoción que va ligada a él.
- ✓ A mi llegada a la guardería o al colegio, al final de la jornada, mi hijo sonríe y se lanza a mis brazos. Yo aprovecho para decirle: «Saltas a mis brazos con una sonrisa, estás contento de verme. Yo también estoy contento de recogerte, mira qué caricia tan rica y qué sonrisa tan bonita te hago».
- ✓ Con las primeras nevadas o el anuncio de una actividad de patinaje en familia, observo las reacciones de alegría de mi hijo y las describo: «Estás contento de ir a jugar a la nieve. Me lo estás diciendo con tu sonrisa y tus gritos de alegría: "Qué contento estoy, bien por la nieve"».
- ✓ Cuando mi hijo me hace una caricia, un regalo o me ayuda a poner orden, me acerco, le sonrío y le digo: «Mira cómo sonrío, estoy contento de...».
- ✓ Cuando el padre o la madre propone una actividad especial (ir al parque después de comer, leer dos cuentos esa noche, etc.) pregunta al niño: «¿Estás contento?».

Acompaño a mi hijo cuando está triste

Mi hijo aprende a reconocer la tristeza en los otros cuando lloran, cuando dejan de sonreír. Aprende a reconocer su tristeza y lo que le pone triste.

- ✓ Mientras ve una película (por ejemplo, *El rey León, El pequeño dinosaurio)* o dibujos animados (*Caillou, Pocoyó)*, noto a mi hijo triste ante una escena. Me acerco a él y le digo: «Estás triste... Te lo noto en tu cara, estás llorando».

- ✓ Describo la tristeza de mi hijo que ha roto sin querer su juguete preferido. «Estás triste, te gustaba mucho este juguete».
- ✓ Le digo a mi hijo cuando está decepcionado: «Tienes la cabeza baja, estás triste de ver que no podemos ir a hacer el muñeco de nieve porque llueve».
- ✓ Doy ejemplo expresando mi propia tristeza ante una situación: «Estoy triste de verte enfermo. No lloro, pero estoy triste».
- ✓ Durante los ratos de juego, veo el rostro serio y los sollozos de mi hijo que viene a que lo consuele. Le digo: «Vienes muy triste a verme porque tu amigo te ha dicho "ya no eres mi amigo". Estás triste porque quieres seguir jugando con él. Te gustaría que te ayudase a hablar con tu amigo de tu tristeza. Ven, vamos a ir a decirle los dos que estás dolido. Puede ser que encontremos una manera de que sigáis jugando juntos».
- ✓ Cuando mi hijo está triste después de una situación que escapa a mi control, yo hablo de su pena. «Estás llorando a gritos. Estás triste porque no tienes tu peluche para dormir. No puedo ir a buscarlo, las puertas de la guardería están cerradas y yo no tengo la llave.Comprendo que tienes mucha pena, estás muy triste».

Ayudo a mi hijo a expresar sus enfados

Mi hijo aprende a reconocer la cólera en los otros cuando hablan fuerte o fruncen las cejas. Aprende a reconocer su propia cólera y a expresarla verbalmente. Poco a poco asocia su cólera con una situación vivida.

- ✓ Le doy un ejemplo. Expreso mi cólera a mi hijo: «Mario, en este momento estoy muy enfadado».
- ✓ Comprendo lo que quiere decir mi hijo cuando está rabioso. Me dice: «No eres buena, ya no te quiero». Le respondo: «Lo que yo creo es que estás resentido. Hablas fuerte, tu mirada es de enfadado». De este modo permito a mi hijo sentir su cólera y lo guío en su expresión.
- ✓ Utilizo los momentos de frustración vividos por mi hijo para ayudarle a expresar verbalmente su cólera.

Enseño a mi hijo aprender a esperar

Mi hijo debe aprender a esperar su turno en las distintas situaciones de su vida cotidiana.

- ✓ Durante la comida, termino mi plato e invito a mi hijo a esperar un poco antes de que le sirvan de nuevo. «Mira, Mario, me quedan dos bocados, después te daré más». Felicito a mi hijo: «¡Muy bien! Has sido capaz de esperar a que termine de comer».
- ✓ Cuando hablo con otro adulto, propongo a mi hijo a esperar antes de responderle: «Mira, Amelia, estoy hablando con Lucía en este momento; ya veo que quieres decirme algo, pero sé que eres capaz de esperar. Cuando haya terminado, te escucharé».
- ✓ Aprovecho los tiempos de espera en el supermercado o en el banco para hacerle ver que no es fácil esperar, pero que existen medios para tener paciencia: «Hoy vamos a tener que esperar mucho para pagar en la caja del supermercado. Mientras esperamos, hablo contigo y pienso en las actividades que podemos hacer el fin de semana».

Ayudo a mi hijo para que aprenda a escuchar

Mi hijo está aprendiendo los turnos de palabra. Sabe escuchar cuando se le habla y espera su turno para expresarse.

- ✓ Doy a entender a mi hijo que no estoy disponible ahora. «Mira, Julia, estoy al teléfono. En cuanto haya terminado, iré a verte (incluye la capacidad de esperar). Venga, Julia, ya he acabado de hablar por teléfono, te estoy mirando, abro mis oídos y te escucho».
- ✓ «Ahora me resulta difícil escucharte de verdad, porque voy mirando la carretera; hay muchos coches. Me gustaría que me contases cómo te ha ido el día cuando estemos en casa, cuando pueda mirarte y escucharte».

- ✓ Aprovecho el momento del baño para disponerme al diálogo. «Cristofer, estoy a tu lado, podemos hablar los dos. Estoy dispuesto a escucharte, a mirarte, tú me querías hablar de la fiesta de tu amigo. Te escucho».
- ✓ Utilizo el cuento de la noche para practicar la escucha y el turno de palabra. Leo el principio de una historia conocida, me detengo e invito a mi hijo a continuar. Cuando él para, yo prosigo. Al niño le gustan los cuentos tradicionales y conocidos que despiertan su memoria.
- ✓ Juego con mi hijo a inventar una historia que despierte su imaginación. Yo empiezo una historia y mi hijo la continúa.

Ayudo a mi hijo a autocontrolarse

Mi hijo aprende cómo actuar cuando está excitado o tranquilo. Reconoce que es difícil pasar de la excitación a la calma. Va descubriendo cómo puede ser dueño de sí mismo.

- ✓ Durante la comida, pongo velas en la mesa y digo a mi hijo que es como en el restaurante. Se habla «en secreto», suavemente. Felicito a mi hijo por hablar en voz baja.
- ✓ Mientras vemos una película en casa, hago como en el cine, con «palomitas» y luces apagadas. El niño habla muy bajito, como en el cine, está sentado tranquilamente. Describo los esfuerzos de mi hijo: «Muy bien, eres capaz de quedarte tranquilo hasta que el Rey León haga…».
- ✓ Cuando acuno a mi hijo y lo tomo tiernamente en mis brazos, le hago notar el bienestar que se siente estando así, los dos juntos, con ternura. Le invito a respirar lentamente o a cantar suavemente conmigo. Le felicito.
- ✓ Aprovecho una visita a la biblioteca para practicar el autocontrol (voz baja, paso tranquilo, etc).

Ayudo a mi hijo a ser tolerante ante las frustraciones

Mi hijo aprende a detenerse cuando se le dice «no» aunque encuentre difícil encajar una negativa. Esto desarrolla su capacidad para expresar en palabras sus frustraciones.

- ✓ Yo le sirvo de modelo. Cuando me impaciento ante un cajero automático defectuoso, o por el coche que no quiere arrancar o por cualquier otra situación frustrante, describo lo que siento. Qué rabia me da que no me arranque el coche otra vez. Es mejor respirar profundamente para calmarme. Bueno, ahora voy a telefonear al taller para que nos lo arreglen».
- ✓ Cuando veo a mi hijo enfadado después de una negativa en la tienda, le digo, para ayudarle: «Ya veo que estás enfadado. Respira profundamente».
- ✓ Si el tiempo de irse a la cama provoca conflictos con mi hijo, aprovecho esta ocasión para ayudarle a que viva mejor el tener que dejar de jugar. «Te gustaría seguir jugando, pero ya no puede ser. Es la hora de dormir. Te parece difícil dejar de jugar, podrás continuar la construcción mañana. Vamos a guardar tu garaje de Lego. ¿Te enfada? Respira lentamente. ¡Muy bien!».

Conclusión

«Sólo hay un verdadero problema, el de las relaciones humanas. Se nos olvida que no hay esperanza ni alegría más que en las relaciones humanas».

ANTOINE DE SAINT-EXUPÉRY

«Ningún ser humano puede pensarse a sí mismo si no es en relación con otros».

DANIELLE DALLOZ

Los actos de violencia aparecen con mucha frecuencia en los grandes titulares de los periódicos. Los dramas se suceden, hasta tal punto que se va operando poco a poco un proceso de superficialización, mientras que la criminalidad aumenta y la edad de los jóvenes criminales es cada vez más baja. Aunque las cifras sean alarmantes, raramente interpelan a los padres de los niños pequeños, preocupados de cuidarlos cotidianamente.

Pero conviene mirar más de cerca a estos niños que pelean con sus compañeros, que dan una bofetada a sus padres o que lanzan objetos. La inmadurez neurológica y lingüística de algunos, su egocentrismo, la sed de placer inmediato, todo ello propio de su corta edad, explican su dificultad para controlarse. Sin embargo después de haber puesto en perspectiva estos actos en un contexto de desarrollo, corresponde a los adultos, padres y educadores, «civilizar» a los niños, abrirlos a la socialización y al sentido moral.

Lejos de mí la idea de extirpar toda agresividad de los niños para hacer de ellos unos «conformistas», pero es esencial acompañarlos para que puedan canalizar su energía bruta y controlar su agresividad a fin de transformarla en creatividad.

La familia constituye el motor de este proceso de socialización. Es ella la que inculca el sentido de responsabilidad a sus miembros y transmite los valores de respeto y de generosidad. Sin embargo puede convertirse también en un islote de soledad y de hostilidad por la ausencia de referencias y por la falta de implicación afectiva en el aprendizaje de la vida en común. Los niños entonces sienten la ausencia de la familia y, al ir haciéndose mayores, van uniéndose a otros que, como ellos, sienten la necesidad de reunirse. Como ellos, tienen por dentro una gran rabia o una tristeza devastadora.

En efecto, una presencia activa y afectuosa de la familia y de la escuela, la disciplina, el diálogo inductivo exigen tiempo y paciencia, pero todo cultiva la socialización, que es indispensable para construir una personalidad flexible. Las buenas disposiciones sociales permiten tener una mirada positiva sobre sí mismo, y el niño que se afirma es mejor aceptado y apreciado por los demás.

Esas buenas disposiciones favorecen también el despliegue de la adaptación socioemocional que se necesita para afrontar algunas situaciones difíciles de la vida.

Con este libro he querido proveer de ayuda a los padres y profesores para afrontar los comportamientos agresivos y el aprendizaje de las habilidades prosociales de los niños pequeños, y así prevenir desórdenes de comportamiento. Porque estoy convencida de la importancia de la relaciones positivas entre las personas y la capital aportación de la prevención precoz. Enseñando a los niños a vivir juntos en familia, en la escuela o en sus ambientes, les ayudaremos a ser ciudadanos responsables.

Bibliografía

ANTIER, E. *L'agressivité.* París: Éditions Bayard, 2002. (Trad. esp.: *La agresividad.* Madrid: Eiunsa, 2003).

ANTIER, E. *Dolto en héritage.* París: Éditions Robert Laffont, 2005.

BÉGIN, P. *Commentaires des milieux. Politiques publiques et prévention de l'agressivité chez les jeunes enfants.* Centre d'excellence pour le développement des jeunes enfants, 2004. Artículo en la web: www.enfant-encyclopedie.com/.../BeginFR.pdf

BERUBÉ, N. «Les enfants risquant d'être violents peuvent être identifiés avant la grossesse». *La Presse* 6-7, 2004.

BLICHARSKY, T. y STRAYER, F. F. «Les relations interpersonnelles chez les jeunes enfants». En F. F. Strayer, *Adaptation psychosociale du jeune enfant,* Burdeos: Universidad Victor Segalen, 2002.

BOUCHARD, C. *Un Québec fou de ses enfants: rapport du Groupe de travail pour les jeunes.* Québec: Ministère de la santé et des services sociaux, 1991.

BOURCET, S. y TYRODE Y. *Petite terreur ou Souffre-douleur. La violence dans la vie de l'enfant.* París: Albin Michel, 2002.

BOURCIER, S. «Le suplice du dodo» en *Comprendre et guider le jeune enfant, à la maison, à la garderie.* Montréal: Éditions de CHU Sainte-Justine, 2004.

BRUNET, C. y SAFARTI, A. *Petits tracas et gros soucis de 1 à 7 ans. Quoi dire, quoi faire.* París: Albin Michel, 1999. (Trad. esp.: *Pequeños problemas y grandes cuestiones de 1 a 7 años: qué decir, qué hacer.* Barcelona: Medici, 2003).

BUSHMAN, B. J. «Catharsis, agression and persuasive influence: self-fulfilling or self defeating prophecies». *Journal of Personality and Social Psychology* 1999 76 (3): 367-376.

CARDINAL, L. *Le programme national de santé publique 2003-2012.* Québec: Santé et Services Sociaux, 2003.

CENTRE D'EXCELLENCE POUR LE DÉVELOPPEMENT DES JEUNES ENFANTS. *Bulletin,* avril 2003, vol 2, no 1.

CHARLEBOIS, P., GAUTHIER, J. y RAJOTTE, A. *Stratégies Psychoéducatives pour enfants hyperactifs, innattentifs et autres.* Montréal: Éditions Brault y Bouthillier, 2003.

CHICOINE, J.-F y COLLARD N. *Le bébé et l'eau du bain: comment la garderie change la vie de vos enfants.* Montréal: Québec Amérique, 2006.

CLOUTIER, R. y DIONNE, L. *L'agressivité chez l'enfant.* Montréal: Edisem/Le Centurión, 1981.

CLOUTIER, R., GOSSELIN, P. y TAP, P. *Psychologie de l'enfant.* Montréal: Gaëtan Morin Éditeur, 2005.

COHEN, N. J. «L'impact du développement du langage sur le développement psychosocial et affectif des jeunes enfants», 2005, Artículo en la web: www.enfant.encyclopedie.com/documents/CohenFRxp.pdf

COOPER. *Mon enfant s'entend bien avec les autres.* París: Marabout, 2006.

CRARY, E. *Négocier, a s'apprend tôt. Pratiques de résolution de problèmes avec les enfants de 3 à 12 ans.* Namur: Université de Paix, 2001.

DALLOZ, D. *Le mensonge.* París: Éditions Bayard, 2006. (Trad. esp.: *Las mentiras.* Madrid: Eiunsa, 2004).

DALLOZ, D. *Où commence la violence? Pour une prévention chez le tout-petit.* París: Albin Michel, 2003.

DENHAM, SKA y BURTON, R. *Social and Emotional Prevention and Intervention Programming for Preschoolers.* New York: Kluwer Academic/ Plenum, 2003.

DESJARDINS, J. «Tout se joue avant 4 ans». *Magazine enfants Québec,* agosto-septiembre 2004.

DÉVELOPPEMENT DES RESSOURCES HUMAINES CANADÁ. *Grandir au Canada: enquête longitudinale nationale sur les enfants et les jeunes.* Ottawa: Statistique Canada, 1996.

DIONNE, G. «Retard langagier et comportement agressif». *Bulletin du Centre d'excellence pour le développement des jeunes enfants,* 2003, vol 2 (1).

DIONNE, G., TREMBLAY, R. E., BOIVIN, M., PLANTE, D. y PERUSE, D. «Estudio de gemelos recién nacidos de Québec». *Bulletin du Centre d'excellence pour le développement des jeunes enfants,* abril 2003, vol 2 (1).

DOLTO, F. *Au jeu du désir: essais cliniques.* París: Éditions du Sewil, 1981. (Trad. esp.: *En el juego del deseo.* México: Siglo XXI Editores, 1983).

DRORY, D. *Cris et châtiments. Du bon usage de l'agressivité.* Bruxelles: De Boeck, 1997.

DRORY, D. *Cris et châtiments. Du bon usage de l'agressivité.* Louvain-la-Neuve: De Boeck Éducation, 2004.

DUCLOS, G. *Aider les jeunes enfants en difficulté.* Montréal: Éditions de CHU Sainte-Justine, 2008.

DUCLOS, G. y DUCLOS, M. *Responsabiliser son enfant.* Montréal: Éditions du CHU Sainte-Justine, 2005.

DUMAS, J. *L'enfant violent: le connaître, l'aider, l'aimer.* París: Bayard Éditions, 2000.

DUMESNIL, F. *Parent responsable, enfant équilibré.* Montréal: Éditions de l'Homme, 1998.

DUMESNIL, F. *Questions de parents responsables.* Montréal: Éditions de l'Homme, 2004.

DUNSTER, L. *Aider les autres à relever le défi: guide de l'animatrice.* Ottawa: Fédération canadienne des services de garde à l'enfance, 2000.

EASTMAN, W. «Comprendre et garder les jeunes enfants qui souffrent de trouble d'hyperactivité avec déficit d'attention: la perspective d'un intervenant». *Interaction,* 1998, pp. 18-22.

FARRINGTON, D.P. «Early prediction of violent and non violent youthfull offending». *European Journal of Criminal Policy and Research,* 1997, vol. 5.

FÉDÉRATION CANADIENNE DES SERVICES DE GARDE À L'ENFANCE. «Dossier: agressivité » *Interaction,* hiver 2003, vol 16, n°. 4.

FERLAND, F. *Et si on jouait? Le jeu durant l'enfance et pour toute la vie.* Montréal: Éditions CHU de Sainte Justine, 2004. (Trad. esp. *¿Jugamos?* Narcea: Madrid, 2005).

FONTAINE, R. *Psychologie de l'agression.* París: Dunod, 2003.

FLORET, A. *Des enfants bien dans leur peau. Conseils pratiques pour l'épanouissement des enfants de 3 à 12 ans.* París: Flammarion, 2005.

FORTIN, L. y BIGRAS, M. *Les facteurs de risque et les programmes de prévention auprès d'enfants en troubles de comportement.* Eastman (Québec): Éditions Behaviora Inc., 1996.

GENDREAU, G. *Jeunes en difficulté et intervention psychoéducative.* Montréal: Éditions Sciences et Culture, 2001.

GEORGE, G. *Mon enfant s'oppose, que dire? que faire?* París: Odile Jacob, 2002.

GOLDBERG, S. *Attachment and Development.* London: Arnold Publ., 2000.

HALMOS, C. «Existe-t-il des enfants vraiment méchants?» *Psychologie,* marzo, 2007.

HARGUINDEGUY-LINCOURT, M.-C. y MARTEL, S. *Fiches autocontrôle des trottineurs et autocontrôle des explorateurs.* Inédit, 2006.

IFERGAN, H. y ETIENNE, R. *Mais qu'est-ce qu'il a dans la tête. Comprendre l'enfant de 0 à 7 ans.* París: Hachette Littérature, 2000. (Trad. esp.: *¿Qué tienen en la cabeza? Guía para padres con hijos de 0 a 6 años: 1000 argucias para comprenderlos mejor.* Barcelona: Sintesis, 2000).

INSTITUT CANADIEN DE LA SANTÉ INFANTILE. *La santé des enfants du Canada: un profil de l'ICSI.* Ottawa, 2000.

JOYEUX, Y. *L'éducation face à la violence.* París: ESF Éditeur, 1996.

KAISER, B. y RASMINSKY, J. S. *Relever le défi: stratégies efficaces au près des enfants présentant des problèmes de comportement dans les milieux de la petite enfance.* Ottawa: Fédération canadienne des services de garde à l'enfance, 1999.

KEENAN, K. *Le développement et la socialisation de l'aggressivité pendant les cinq premières années de la vie.* Centre d'excellence pour le développement des jeunes enfants. Artículo en la web: www.enfant-encyclopedie.com/Pages/PDF/KeenanFRxp.pdfCEDJE

KRAKOW, E. «L'importance des conduites parentales». *Bulletin du Centre d'excellence pour le développement des jeunes enfants,* marzo 2007, vol 6 (1).

LAFONTAINE, L. «Prédelinquant dès 3 ans?». *Magazine Enfants Québec,* oct. 2006.

LANDY, S. *Pathways to Competence: Encouraging Healthy Social and Emotional Development in Young Children.* Baltimore: Paul H. Brookes, 2002.

LAPORTE, D., DUCLOS, G. y GEOFFROY, L. «C'est toi ma maman préférée», en *Du côté des enfants.* Montréal: Éditions de l'Hopital Sainte-Justine, 1990.

LEDUC, R. J. *Pour un dépistage précoce et continu réussi: étapes du développement de l'enfant et suggestions d'intervention.* Vanier, Ontario: Collectif du Centre franco-ontarien de ressources pédagogiques, 1996.

LEMAY, M. *Famille, qu'apportes-tu à l'enfant?.* Montréal: Éditions de l'Hôpital de Sainte-Justine, 2001.

LURÇAT, L. *La violence à la télé. L'enfant fasciné,* París: Syros, 2001.

MARION, M. «Guiding young children's understading and management of anger». *Young children,* 1977.

MARION, M. *Guidance of Young Children. 7th* ed. Upper Saddle River, N. J.: Pearson Merrill Prentice-Hall, 2007.

MARTIN, J., POULIN, C. y FALARDEAU, I. *Le bébé en garderie*. Sainte-Foy: Presses de l'Université du Québec, 2003.
MURPHY, T. *L'enfant en colère*. Montréal: Éditions de l'Homme, 2002.

NAUD, J. y SINCLAIR, F. *EcoCPE - Programme de valorisation du développement du jeune enfant dans le cadre de la vie en milieux éducatifs préscolaires: guide d'animation*. Montréal: Chenelière/McGraw-Hill, 2003.
NEUFEED, G. y MATÉ, G. *Retrouver son rôle de parent*. Montréal: Éditions de l'Homme, 2005.
NEMET-PIER, L. *Mon enfant me dévore*. París: Albin Michel, 2003.

OLIVIER, C. *Les parents face à la violence de l'enfant*. París: Fayard, 2000.
OLIVIER, C. *L'ogre intérieur. De la violence personnelle et familiale*. París: Éditions Bayard, 1998.
OLDS, S. W. y PAPALIA, D. E. *Psychologie du développement de l'enfant*. Montréal: Beauchemin Chenelière Éducation, 2005.
OLWEUS, D. *Violences entre élèves, harcèlements et brutalités*. París: ESF Éditeur, 1999.

PAHLAVAN, F. *Les conduites agressives*. París: Armand Colin, 2002.
POST, J., HOHMAN, M., BOURGON, L. y LÉGER, S. *Prendre plaisir à découvrir: guide d'intervention éducative auprès des poupons et des trottineurs*. Montréal: Gaëtan Morin Éditeur, 2004.
PROVOST, M. A. *Le développement social des enfants: perspectives méthodologiques, théoriques et critiques*. Montréal: Éditions Agence d'Arc, 1990.

REDL, F. y WINEMAN, D. *L'enfant agressif. Tome 2, Méthodes de rééducation*. París: Fleurus, 1973.
ROBIN, A. L., SCHNEIDER, M. y DOLNICK, M. «The Turtle Technique: An extended case study of self-control in the classroom». *Psychology in the Schools* 1976 (13): 449-453.
ROUSSEAU, J. J. *Émile ou de l'éducation*. París: Garnier-Flammarion, 1987 (Trad. esp. *Emilio o la educación*. Barcelona: Edicomunicación, 2002).
ROYER, N. *Le monde du préscolaire*. Montréal: Gaëtan Morin Éditeur, 2004.

SAUVÉ, C. *Apprivoiser l'hyperactivité et le déficit de l'attention. 2e* éd. Montréal: Éditions du CHU Sainte-Justine, 2007.
SAUVÉ, M. R. «Perturbateur á la maternelle, décrocheur au secondaire» *Forum* 19 sep. 2005.
SCOATARIN, S. *C'est pour mieux te manger, mon enfant! De l'agressivité et des morsures, à la crèche et ailleurs*. París: Desclée de Brouwer, 2003.

SHURE, M. B. *I Can Problem Solve: an Interpersonal Cognitive Problem-solving Program.* Champaign, I11.: Research Press, 1992.

SOLTER, A. J. *Pleurs et colères des enfants et des bébés: une approche révolutionnaire.* Saint Julien en Genevois: Jouvence Éditions, 1999. (Trad. esp: *Llantos y rabietas: cómo afrontar el lloro persistente en bebés y niños pequeños.* Barcelona: Medici, 2002).

STRAYER, F. F. *Adaptation psychosociale du jeune enfant.* Département de psychologie. URF de Science de l'Homme. Université de Bordeaux, noviembre, 2002.

THOMMEN, E. *L'enfant face à autrui.* París: Armand Colin, 2001.

TREMBLAY, R. E. *Les enfants agressifs.* Montréal: Agence d'Arc, 1991.

TREMBLAY, R. E. «École et santé mentale-Réagir contre la violence, le décrochage, le refus scolaire». *Revue Prisme* 1997 vol. 7 nos. 3-4

TREMBLAY, R. E. «L'origine de la violence chez les jeunes». *Isuma,* 200. Vol. 1 (2).

TREMBLAY, R. E. *Développement de l'agressivité physique depuis le jeune enfance jusqu'à l'âge adulte.* Montréal: Centre d'excellence pour le développement des jeunes enfants, 2003. Artículo en la web: www.enfant-encyclopedie.com/fr-ca/agressivite-enfant/selon-les-experts/tremblay.html

TREMBLAY, R. E., HARTUP W. W. y ARCHER, J. *Developmental Origins of Aggression.* Nueva York: Guildorf Press, 2005.

UNIVERSITÉ DE PAIX. *Graines de médiateurs. Médiateurs en herbe.* Namur: Éditions Memor, 2000.

VITARO, F. y GAGNON, C. *Prévention des problèmes d'adaptation. Tome II. Les problèmes externalisés.* Sainte-Foy: Presses de l'Université du Québec, 2002.

WARWICK, L. «Petite enfance et prévention de la violence». *Bulletin d'excellence pour le développement des jeunes enfants,* 2003, vol. 2 (1).

WEBSTER, H. L. y PARKER, L. *Taming the Dragon-Module 1: Learning to Benefit from feeling.* Detselig Entreprises Ltd., 1994.

WEBSTER-STRATTON, C. *How to promote Children's Social and Emotional Competence.* Paul Chapman Publishing Ltd., London, 2000.

WEBSTER-STRATTON, C. *The Incredible Years: A trouble Shooting Guide for Parents of Children Aged 3-8.* Toronto: Umbrella Press, 2001.

